Torben Käselow

DAS WIRKLICHE ERFOLGSGEHEIMNIS VON JUNG-MILLIONÄREN

Wie ich mit 27 Jahren finanziell unabhängig wurde und auch **Sie dieses Ziel erreichen** – es ist einfacher, als Sie denken!

FBV

Bibliografische Information der Deutschen Nationalbibliothek

Die Deutsche Nationalbibliothek verzeichnet diese Publikation in der Deutschen Nationalbibliografie; detaillierte bibliografische Daten sind im Internet über **http://d-nb.de** abrufbar.

Für Fragen und Anregungen:
info@finanzbuchverlag.de

1. Auflage 2015

© 2015 by FinanzBuch Verlag
ein Imprint der Münchner Verlagsgruppe GmbH
Nymphenburger Straße 86
D-80636 München
Tel.: 089 651285-0
Fax: 089 652096

Redaktion: Werner Wahls
Korrektorat: Sonja Rose
Umschlaggestaltung: Maria Wittek, München
Umschlagfoto: Photo Art & Design A.S., info@alla-sommermeier.de
Satz: Carsten Klein, München
Druck: GGP Media GmbH, Pößneck
Printed in Germany

ISBN Print 978-3-89879-895-2
ISBN E-Book (PDF) 978-3-86248-705-9
ISBN E-Book (EPUB, Mobi) 978-3-86248-706-6

Weitere Informationen zum Verlag finden Sie unter

www.finanzbuchverlag.de

Beachten Sie auch unsere weiteren Verlage unter
www.muenchner-verlagsgruppe.de

Inhalt

VORWORT

Ich lernte Torben Käselow das erste Mal Anfang 2013 persönlich kennen. Wir trafen uns in einem Hotelrestaurant in der City von Hannover. Zuvor hatte Torben Kontakt via Facebook mit mir aufgenommen. Er schrieb mich an und erzählte mir, dass er bereits mehrere Immobilieneinheiten besaß. Zu diesem Zeitpunkt wusste ich noch nicht, wer er war. Sein Ehrgeiz beeindruckte mich und ich entschloss mich mit ihm in Kontakt zu bleiben. Es folgten viele gemeinsame Partybesuche. Wir feierten in Berlin, Hamburg, Köln und in Wien und tauschten uns über Immobilien aus. Torben Käselow ist ein Bruder im Geiste. Er ist, wie ich, ein *Investment-Punk* ...

Dies ist gleichzeitig der Titel eines Buches aus meiner Feder, durch das er auf mich aufmerksam wurde. Torben hält nichts von dem allgemeinen Gejammer in Deutschland, in dem scheinbar »nichts mehr geht.« Er besitzt die Fähigkeit, auszubrechen. Auszubrechen aus falschen Übereinstimmungen und Glaubenssätzen, was die Finanzwelt angeht und überhaupt das Thema Geld. Er ist, im besten Sinne, ein Rebell. Ein Rebell, der bewiesen hat, dass es »trotzdem geht«.

Es gibt nicht viele Menschen, die 1. selbständig denken können, 2. selbständig handeln, 3. höchst erfolgreich in ihren Handlungen sind und 4. ihre Erfahrungen, ihre geldwerten Erfahrungen, auch noch weitergeben.

Insofern ist Torben Käselow eine Ausnahmeerscheinung.

Was ich besonders mag ist dies: Torben gelang es, in jüngsten Jahren, in dem andere noch nass hinter den Ohren sind, sich bereits ein Vermögen aufzubauen, allein mit Immobilien. Es gelang ihm, indem er die Ärmel aufkrempelte, ein Ziel hatte, hart arbeitete und die Disziplin und den Mut hatte, seine Ziele in die Tat umzusetzen. Er avancierte zu einem Immobilienprofi und professionellen Immobilienmakler, als andere noch bei Muttern wohnten, um die Miete zu sparen. Privat und über verschiedene Immobiliengesellschaften hält Torben Käselow heute über 100 Immobilieneinheiten in seinem Bestand und gibt weiterhin Vollgas.

Torben erzählt seinen Lebensweg. Seine Ratschläge stammen aus der Erfahrung, aus dem Nichts, ohne privilegierten Background, ein Immobilienvermögen aufzubauen.

Ich wünsche Euch viel Spaß beim Lesen und hoffe, dass Ihr die Disziplin und Entscheidungsstärke habt, die Ideen aus diesem Buch für Eure Karriere und für Euren Vermögensaufbau umzusetzen!

Viel Erfolg!

Gerald Hörhan
Investmentpunk und Bestsellerautor

Kapitel 1
MEINE GANZ PERSÖNLICHE GESCHICHTE oder WAS DIESES BUCH IHNEN BIETET

Steigen wir unmittelbar und ohne Schnörkel sofort ein. Der provokative Titel dieses Buches lautet: »Das wirkliche Erfolgsgeheimnis von Jung-Millionären.« Der nicht weniger anmaßende Untertitel heißt: »Wie ich mit 27 Jahren finanziell unabhängig wurde und auch Sie dieses Ziel erreichen - es ist einfacher, als Sie denken!«

Es ist kein kleines Versprechen, so viel sei zugestanden. Der eine oder andere mag sogar meinen, es handle sich dabei um ein recht vollmundiges Versprechen. Zugegeben. Aber ich kann Ihnen versichern, dass dieses Versprechen im Laufe des Buches vollständig eingelöst werden wird. Sie werden Schritt für Schritt erfahren, wie es möglich ist, sich aus der ökonomischen Tretmühle zu befreien, in der sich die meisten von uns befinden, und aus dieser manchmal fast sklavischen Notwendigkeit, jeden Tag neu seine Brötchen verdienen zu müssen.

In diesem Zusammenhang ist es nicht von Bedeutung, ob Sie auf jahrzehntelange Erfahrungen zurückblicken können oder nicht. Aber, werden Sie jetzt zu Recht fragen, woher nehme ich dann meine Kenntnisse? Und um wen handelt es sich bei dem Autor dieses Buches, der offenbar selbst gerade 27 Lenze zählt und trotzdem meint, mir diese Kenntnisse vermitteln zu können?

Natürlich besitzen Sie ein Recht darauf zu erfahren, wer Ihnen kluge Ratschläge erteilen will, denn Papier ist geduldig und nichts ist leichter, als ein paar Tipps abzulassen. Speziell, wenn es sich um einen »Jungspund« wie mich handelt, sollten Sie wissen, mit wem Sie es zu tun haben; erlauben Sie mir also, mich Ihnen kurz vorzustellen.

Vorweg: Ich wurde nicht mit einem silbernen Löffel im Mund geboren. Tatsächlich war ich anfänglich so arm wie die sprichwörtliche Kirchenmaus.

Als ich vier war, trennten sich meine Eltern. Ich wuchs bei meiner Mutter auf und sah meinen Vater allenfalls im Abstand von zwei Wochen. Das war nicht leicht zu verdauen, selbst wenn sich Kinder im Allgemeinen der konkreten Umstände noch nicht so bewusst sind.

Ich besuchte die Realschule, schloss sie ab und ging anschließend doch noch aufs Gymnasium. Aber nach der 12. Klasse, im Alter von 18 Jahren, hängte ich den Schulranzen an den Nagel. Der Grund: meine Noten waren miserabel, außerdem hatte ich nicht mehr die geringste Lust, länger die Schulbank zu drücken. Wenig später verließ ich das heimische Nest und suchte mir eine eigene Wohnung. Immerhin war mir klar, dass ich Geld verdienen musste. Doch es war nicht leicht, ohne Berufsausbildung und ohne Abitur eine Anstellung zu finden. Letztendlich machte ich mich als freier Handelsvertreter selbstständig – und das war ein knochenharter Job. Ich arbeitete im Auftrag eines bekannten Stromanbieters. Die Firmeninhaber besaßen weder eigene Stromnetze noch erzeugten sie Energie, es handelte sich um eine reine Vertriebsgesellschaft.

Als sogenannter freier Handelsvertreter musste ich »Klinken putzen« gehen. Und so klapperte ich systematisch Hochhäuser ab und verkaufte den Leuten das Strom-Produkt direkt an der Tür. In der Tat kein leichter Job.

Eines Tages schaute mich meine Mutter mitleidig an und meinte: »Junge, du brauchst 'ne Ausbildung, Sonst wirst du nix!« (Originalton)

Ich nahm mir das zu Herzen und begann wenig später eine Ausbildung als Groß- und Außenhandelskaufmann. Tatsächlich musste ich über 60 Bewerbungen schreiben, um überhaupt einen Ausbildungsplatz zu ergattern. Die Ausbildung war – milde gesagt – kein Zuckerschlecken. Eigentlich war ich nichts anderes als ein einfacher Lagerarbeiter, der Toiletten von einem Platz zum anderen schleppte – es handelte sich um einen Heizungs- und Sanitärgroßhandel. Darüber hinaus war ich Mädchen für alles, musste Gärtnerarbeiten ebenso erledigen wie Dachrinnen putzen und die Lagerhalle sauber halten – wirklich eine hervorragende Ausgangssituation!

Als ob der Prüfungen noch nicht genügend, verschwand zu dieser Zeit auch noch mein Vater, den ich genauso wie meine Mutter unendlich liebe, spurlos. Zuvor hatte ich ihn zumindest alle zwei Wochen gesehen. Ich vermisse ihn bis heute! Meine Mutter, eine gelernte Zahnarzthelferin, half, wo sie konnte, aber relativ früh musste sie aufgrund mehrerer Bandscheibenvorfälle und Rückenprobleme in Frührente gehen. Da nun das Geld an allen Ecken und Ende fehlte, entschloss ich mich, zusätzlich zu meiner Ausbildung, zu kellnern. Das war keine falsche Entscheidung, denn als Kellner kommt man mit vielen Leuten in Kontakt. Außerdem lernte ich meinen Chef näher kennen. Er verfügte über ein beträchtliches Immobilienvermögen, und damals wurde ich das erste Mal hellhörig: Es gab also offenbar Zeitgenossen, denen es durchaus gelungen war, aus diesem Hamsterrad auszubrechen, die sich nicht darum sorgen mussten, ob sie am nächsten Tag etwas zu beißen hatten.

Nach zweieinhalb Jahren war meine Ausbildung abgeschlossen. Ich drehte mich auf dem Absatz um und machte mich selbstständig, und zwar als Immobilienmakler. Später werde ich zu diesem Punkt noch einiges nachtragen. An dieser Stelle nur so viel: Tatsächlich gewann ich unmittelbar haushoch. Mein erster Kunde war mein ehemaliger Chef, der mich damit beauftragte, seine Immobilien zu vermarkten. Auf einmal floss von einem

Tag auf den anderen Geld, für mich sehr viel Geld damals, in meine Taschen. Wie so viele Dummköpfe, die zum ersten Mal ein paar Münzen klimpern hören oder das knisternde, elektrisierende Geräusch, das entsteht, wenn man Geldscheine glatt streicht, wurde ich sofort vom Größenwahn gepackt. Ich eröffnete postwendend ein Maklerbüro und suchte mir fünf Mitarbeiter – mit 22 Jahren, man muss es sich vorstellen! Vier von ihnen waren freiberuflich für mich tätig, die fünfte stellte ich ein. Eine Weile ging ich auf Wolken. Aber das Ergebnis ließ nicht lange auf sich warten. Die fixen Kosten fraßen mich förmlich auf, und der Gipfel meiner Dummheit war ein schwarzer BMW Z3, den ich mir leistete, sowie eine Jahres-Clubmitgliedschaft bei einem exklusiven Sauna- und Sportclub. Ich bildete mir ein, es bereits geschafft zu haben. Auch verpulverte ich eine Menge Geld in großformatige Anzeigen bei renommierten Zeitungen. Doch schon bald musste ich erkennen, dass sie nicht den erhofften wirtschaftlichen Erfolg zeitigten.

Folglich ging es mit mir systematisch bergab. Einige freiberufliche Mitarbeiter, die ich teilweise sorgsam angelernt hatte, sogen mein Know-how dankbar auf – und verschwanden daraufhin auf Nimmerwiedersehen. Und das Schlimmste: diese Mitarbeiter machten sich nun auf eigenen Namen und auf eigene Rechnung selbstständig. Ich verlor also doppelt, denn ich hatte mir meine eigene Konkurrenz herangezüchtet. Das vorläufige Ende vom Lied war, dass ich eines Tages vollständig demotiviert in die Welt blickte – und auf mein Bankkonto. Dort hatte sich inzwischen ein Schuldenberg von rund 15.000 € angesammelt. Da ich mit meiner Firma jedoch bereits über einen guten Namen in der Region verfügte, wagte ich es nicht, den Laden einfach dicht zu machen.

Ich grübelte und grübelte, was ich falsch gemacht hatte. Nach einem Telefongespräch mit einem bereits in der Selbstständigkeit gescheiterten, jedoch sehr vertrauten und erfahrenen Bekannten fiel es mir schließlich wie Schuppen von den Augen, dass man sich mit einem guten Image allein zunächst einmal gar nichts kaufen kann. Sofort zog ich die entsprechenden Konsequenzen: Ich gab mein Büro auf und verabschiedete mich von meinen Mitarbeitern. Daraufhin machte ich eine Kehrtwendung um 180° und mutierte zu einem sogenannten Wohnzimmer-Makler, über die ich vorher immer lautstark geschimpft hatte. Mein neues Arbeitszimmer war von nun an über eine Holzleiter vom Schlafzimmer aus auf dem ausgebauten Dachboden zu erreichen. Aber es handelte sich um die exakt richtige Entscheidung, auch wenn sie schmerzte. Ich verkaufte meinen geliebten BMW Z3. Danach reduzierte ich die Kosten an allen Ecken und Enden. Ich kürzte alle Ausgaben, die man kürzen konnte, und setzte überall rigoros den Rotstift an. Und siehe da, die Rechnung ging auf: Innerhalb kürzester Zeit stand mein Konto wieder auf null, und wenig später schaute mir auf der Habenseite sogar ein Plus entgegen.

Aber verweilen wir noch einen Augenblick bei meinen Fehlern. Was hatte ich falsch gemacht?

Nun, regelmäßig das Café Größenwahn zu besuchen, wie das einmal genannt worden ist, war die erste kapitale Dummheit gewesen, die Ausgabenseite nicht genau im Auge zu behalten, die zweite. Die verfehlte Mitarbeiterpolitik zeugte ebenfalls nicht von allzu viel Klugheit. Kurz gesagt hatte ich zu schnell zu viel erreichen wollen und folglich war mein Traum rasch wie eine Seifenblase zerplatzt.

Aber nun ging es langsam wieder bergauf. Ich tätigte recht gute Geschäfte und die Sonne fing auch für mich langsam wieder an zu scheinen. Und eines Tages passierte es: Ein Flyer flatterte mir ins Haus, den ich zuerst argwöhnisch beäugte. Es wurde ein überaus teures Seminar angepriesen (1.990 €!). Die Veranstalter versprachen, den Besucher dieses Seminars in die hohe Schule des Immobilieninvestments einzuweihen. Ich rang eine Weile mit mir und entschied mich schließlich, meinem Instinkt zu folgen. Ja, ich konnte unter Umständen über 1.000 € in den Sand setzen, aber auf der anderen Seite vermochte ich möglicherweise den wirklichen Geheimnissen des Immobilienbusiness auf die Schliche zu kommen. Also besuchte ich dieses Seminar – und in der Folge tatsächlich noch einige weitere Seminare, die sich immer um das gleiche Thema rankten: Wie kann man mit Immobilien tatsächlich ein Vermögen aufbauen? Auf welche Weise kann man fantastische Gewinne mit Eigentumswohnungen und Häusern erzielen? Wie vermag man aus der Tretmühle auszubrechen?

Auf diese Weise lernte ich auch den »Mindset«, wie das englische Modewort heißt, von Investoren kennen, mit anderen Worten: Ich lernte wie ein professioneller Investor zu denken und zu kalkulieren. Ich begriff den Unterschied zwischen »guten« und »schlechten« Schulden und einem »echten« Investment und einem törichten Konsumgüter-Investment, das den Namen »Investment« eigentlich nicht verdient. Außerdem erfuhr ich pausenlos mehr über Immobilien.

Das erste Mal in meinem Leben erhielt ich Daten und Informationen, mit denen ich wirklich etwas anfangen und die ich unmittelbar umsetzen konnte. Es handelte sich um »heiße« Daten, die normalerweise nur hinter vorgehaltener Hand oder überhaupt nicht weitergegeben werden. Zusätzlich machte ich mich auch persönlich schlau, indem ich beobachtete, beobachtete und nochmals beobachtete, wie die wirklich exzellenten Immobiliendeals aussahen und wie sie abliefen.

Und so kaufte ich schließlich vor ein paar Jahren meine erste Wohnung in Ahrensburg, wenig später schon die zweite, daraufhin ein Haus mit fünf Wohnungen und schließlich ein Objekt mit elf Wohnungen. Zu dem Zeitpunkt, da Sie dieses vorliegende Buch in den Händen halten, werde ich im Besitz von einigen weiteren Immobilien sein, denn ich verstand plötzlich, wie das Spiel funktionierte. Ich lernte, wie man »passive« Einnahmen erzielte, und lernte mit Banken auf Augenhöhe zu verhandeln. Zudem begriff ich, wie man selbst gestandene, hart gesottene Banker und Investoren überzeugen kann. Gleichzeitig behielt ich meinen bescheidenen Lebensstandard bei, denn ich hatte meine Lektion gelernt und verstand immer besser, warum es wirklich erfolgreiche Leute nicht nötig haben, ja es sogar vermeiden, die große Show abzuziehen und etwa mit protzigen Limousinen vorzufahren. Selbst heute kutschiere ich noch immer mit meinem uralten Ford-Mondeo Kombi durch die Gegend, der vielleicht 1.800 € wert ist – wenn man beide Augen zudrückt. Ich wohne nach wie vor zur Miete. Meine Fixkosten betragen warm (inklusive Wasser, Heizung und Strom) nicht mehr als 360 € monatlich.

Ich lernte also,

1. Geld zu **verdienen**,
2. das verdiente Geld zu **sparen** und
3. das gesparte Geld zu **investieren**.

Heute brauche ich im Grunde genommen nicht mehr zu arbeiten. Doch wirklich wichtig ist mir die Tatsache, dass ich das tun kann, woran ich interessiert bin, was mir tatsächlich Freude macht.

Natürlich geben die obigen Zeilen lediglich eine *Richtung* an, in die man marschieren kann, wenn man finanziell überdurchschnittlich erfolgreich sein will. Sie brauchen noch sehr viel konkretere Informationen, die ich im Laufe dieses Buches vorstellen werde, ohne ein Blatt vor den Mund zu nehmen.

Aber beantworten wir zunächst die Frage, an wen sich das vorliegende Buch überhaupt richtet.

LEUTE MIT GRIPS

Um es gleich vorauszuschicken: Dieses Buch, das Sie gerade in den Händen halten, richtet sich beileibe nicht nur an junge Menschen oder an *Yuppies*, wie der Modeausdruck noch immer heißt. Als Yuppies – **y**oung **u**rban **p**rofessionals – bezeichnet man gemeinhin junge Erwachsene der städtischen oberen Mittelschicht oder auch junge, karriereinteressierte Zeitgenossen, Kritiker verunglimpfen sie als karrierebesessen. In den Neunzigerjahren bezeichnete man mit diesem Ausdruck vor allem Unternehmer der Computerbranche und der New Economy. Heute werden allgemein junge, erfolgreiche oder erfolgssuchende Menschen als *Yuppies* tituliert.

Grundsätzlich richtet sich dieses Buch an alle Menschen, die aus der Tretmühle ausbrechen wollen, seien sie nun 25 oder 40 und sogar 50 Jahre alt – als »old old« bezeichnet die Anti-Aging-Literatur ja erst Menschen ab 60 oder 70 Jahren, vorher ist man »young old«. Aber es sei zugegeben, dass Zeitgenossen, die zwischen 18 und 40 Jahre zählen und also etwas jünger sind, die bevorzugte Zielgruppe dieses Buches sind.

Die folgenden Seiten richten sich weiter an den Zeitgenossen, der sich bei seinen Investitionen nicht mit den beschämenden 1 oder 2 % zufriedengibt, die ihm vielleicht seine Bank anbietet, oder mit den lächerlichen 3 – 4 %, die in Wirklichkeit bei einer Lebensversicherung herausspringen, nach 25 Jahren eisernen, unerbittlichen Sparens – wobei hierbei noch nicht einmal die Inflation eingerechnet ist. Denn es ist sehr wohl möglich, ohne großes Risiko weit über 10 % mit dem eigenen Geld zu erwirtschaften.

Sehr konkret ist weiter der Immobilieninteressent angesprochen, der ahnt, dass es fantastische Gewinnmöglichkeiten mit den »Unbeweglichen« gibt, denn *immobilis* bedeutet im Lateinischen so viel wie *unbeweglich* oder *nicht beweglich. Immobilien* in der Wirtschafts- und Rechtssprache sind Grundstücke oder Bauwerke, im Gegensatz zum beweglichen Besitz, zu dem etwa Diamanten und Gold gehören.

Ich möchte noch einmal betonen: Das Buch richtet sich weder an eine bestimmte Berufsgruppe noch nur an Akademiker. Meiner Erfahrung nach kann *jeder* hoch gewinnen, der aus dem Hamsterrad ausbrechen will. Im Grunde genommen spielen Alter und Beruf keinerlei Rolle.

Bemühen wir ein konkretes Zahlenbeispiel und nehmen wir spaßeshalber einmal zwei verschiedene Friseure unter die Lupe.

WARUM JEDER REICH WERDEN KANN

Wenige wissen, dass auch der »einfache« Friseur, so er selbstständig ist, oft sehr viel verdient, und dass so manch clevere Friseure, die vielleicht nicht über die Reputation eines Arztes verfügen, den Herrn Doktor in finanzieller Hinsicht leicht in die Tasche stecken könnten. »Reich werden« ist keine Frage des Berufes. Es handelt sich vielmehr um die Frage, welches *Ziel* man verfolgt. Es ist eine Frage des eigenen *Lebensstils* und der eigenen Ansprüche.

Aber selbst der angestellte Friseur, der inklusive Trinkgeld nur 1.200 € netto verdient, besitzt die Möglichkeit, wohlhabend zu werden, ja sogar reich, wenn, wenn … ja wenn er nur regelmäßig und geschickt investiert.

Zunächst ein Beispiel, wie es nicht funktioniert:

Einnahmen/ Ausgaben des Friseurs Herr Arm

Einkommen (netto) inkl. Trinkgeld	1200,– €
./. Warmmiete	500,– €
./. Auto	200,– €
./. Zigaretten	150,– €
./. Lebenshaltungskosten	350,– €
./. Eventualitäten des Lebens	0,– €
Überschuss =	**0,– €**

Ein Beispiel, wie es funktioniert:

Einnahmen/ Ausgaben des Friseurs Herr Reich

Einkommen (netto) inkl. Trinkgeld	1200,– €
./. Warmmiete	350,– €
./. Auto	0,– €
./. Zigaretten	0,– €
./. Lebenshaltungskosten	250,– €
./. Hobby (inkl. Wochenend-Bahnticket)	100,– €
./. Eventualitäten des Lebens	100,– €
Überschuss =	**400,– €**

Sie haben die Rechnung längst verstanden, aber führen wir den Spaß noch ein wenig aus: Herr Arm verfügt über ein Auto, bei dem oft auch die eine oder andere Reparatur anfällt. Die Kosten hierfür sind nicht einmal in unserer Aufstellung berücksichtigt. Zudem qualmt Herr Arm, er raucht eine Schachtel Zigaretten pro Tag à 5 €, denn ansonsten »gönnt er sich ja nichts«, außerdem muss er seinen »Frust« loswerden. Auch die Lebenshaltungskosten sind recht hoch, weil Herr Arm gerne üppig einkaufen geht und er außerdem regelmäßig seinen Lottoschein ausfüllen muss. Warum wohnt er verhältnismäßig teuer zur Miete? Nun, seine Warmmiete beträgt 500 € monatlich, weil es seiner Meinung nach günstigere Zwei-Zimmer-Wohnungen auf dem Markt nicht gibt.

Herr Arm ist grundsätzlich sehr unzufrieden mit sich und der Welt, er schimpft häufig, wobei das Ziel seiner Beschimpfungen wechselt: Mal ist es die Politik, mal ist es der Chef. Außerdem hat seine Waschmaschine gerade den Geist aufgegeben. Geld für die Reparatur steht nicht zur Verfügung, also muss er sich eine kleine Summe bei der Bank leihen. Das zieht hohe Dispo-Zinsen nach sich, die sein Einkommen erneut schmälern.

Auch Geld für ein Hobby, dem er gerne frönen würde, steht nicht zur Verfügung.

Kurz gesagt fühlt sich Herr Arm in finanzieller Hinsicht geknebelt.

Herr Reich hingegen verfügt über kein Auto, denn er wohnt in einer günstigen Ein-Zimmer-Wohnung direkt im Zentrum der Stadt. Seltsamerweise fiel es ihm ehemals leicht, diese Wohnung zu finden, denn er kümmerte sich intensiv im Vorfeld um ein gutes Angebot. Er studierte Zeitungen und Immobilienportale im Internet, verglich Preise und lief sich die Hacken ab. Seinen Arbeitsplatz erreicht Herr Reich nun in nur fünf Minuten auf Schusters Rappen. Außerdem geht er einem Hobby nach, was ihn emotional »aufstellt«, wie das der Schweizer ausdrückt und wodurch er sich ausgeglichen fühlt. Er braucht seine Missstimmungen daher auch nicht mit Zigaretten in die Luft zu blasen, was zudem seiner Gesundheit schaden würde. Darüber hinaus ernährt sich Herr Reich vernünftig und kauft Lebensmittel prinzipiell nur dort ein, wo sie preiswert und dennoch von guter gesundheitlicher Qualität sind. Lotto spielt er nie, weil er weiß, dass die Chancen zu gewinnen 14 Millionen zu 1 gegen ihn stehen. Die Wahrscheinlichkeit, dass ein Flugzeug direkt über seinem Kopf abstürzt, ist höher. Außerdem hat er das Lottosystem durchschaut: Wirklich hoch gewinnt nur die Lottogesellschaft, die diese Geschäftsidee dazu benutzt, um den Leuten das Geld aus der Tasche zu ziehen und sich dabei selbst satt zu verdienen. Er überlegt es sich bestenfalls, ob es nicht klug wäre, selbst ein ähnliches System aufzuziehen, seine Gedanken wandern also in eine ganze andere Richtung. Wenn seine Waschmaschine ausfällt und nicht mehr funktioniert, so stört ihn das nicht weiter, denn er verfügt über ein kleines Budget, das genau für solche Vorfälle vorgesehen ist, er hat Rücklagen für alle Eventualitäten gebildet. Auch ein Auto muss er nicht fahren, denn er würde einen Wagen allenfalls am Sonntag benötigen, wenn er seine Eltern oder seine Freunde besucht. Hierfür dient ihm jedoch ein Wochenend-Bahnticket, das alle Dienste tut und preiswert ist.

Sie verstehen? Wir wollen die Story nicht weiter ausführen. Fest steht, Herr Reich verfügt über *400 € Überschuss* im Monat. Er könnte und kann sie sinnvoll investieren, um daraus noch sehr viel mehr Geld zu zaubern. 400 mal 25 Monate ergeben bereits 10.000 €! Genau dieses Geld könnte also Herr Reich rund alle zwei Jahre (!) als Eigenkapital für die Finanzierung einer eigenen Eigentumswohnung einsetzen. Wenn er zudem noch diese Eigentumswohnung vermietet … aber dazu später mehr, tatsächlich wird die Story immer spannender.

Nun stellen Sie sich weiter dieses Szenarium vor: Da Herr Reich – wie die meisten Friseure – montags frei hat, suchte und fand er sogar noch einen Nebenjob auf 450-€-Basis. Herr Reich hilft bei einer Tankstelle jeden Montag für fünf Stunden an der Kasse aus. Hierdurch verdient er noch einmal zusätzlich 200 € im Monat. Rechnen Sie sich aus, wie lange es nun dauert, bis Herr Reich das notwendige Eigenkapital für die Finanzierung einer Eigentumswohnung zusammengespart hat …! Er könnte theoretisch auch in eine gute Aktie investieren. Oder er könnte andere wirkliche interessante Investments tätigen. Aber bleiben wir der Einfachheit halber bei der Immobilie.

Ich will mit diesem hypothetischen Beispiel an dieser Stelle lediglich verdeutlichen, dass es tatsächlich möglich ist, selbst bei einem kleinen, bescheidenen Einkommen sein finanzielles Schicksal *grundlegend* zu ändern. Dabei wird die Geschichte noch sehr viel spannender! Denn eines Tages *vermietet* Herr Reich wie gesagt seine Eigentumswohnung und generiert mehr Geld, als er für die Bankzinsen bezahlen muss. Plötzlich verfügt er über einen zusätzlichen Batzen Geld, den er sinnvoll investieren könnte. Und so macht er sich auf die Socken und …!

Aber heben wir uns solche Details für einen späteren Zeitpunkt auf, wir haben tatsächlich noch nicht einmal angefangen, die wirklichen Perspektiven auszuloten, die sich jedem von uns bieten, gleichgültig wie »arm« jemand zu sein glaubt.

Der springende Punkt ist, dass Sie in *jeder* Lage, gleichgültig in welcher Situation Sie sich momentan befinden, das Heft des Handelns wieder an sich reißen können. Wir sind eben nicht einem geheimnisvollen Schicksal ausgeliefert, nichts ist Kismet oder Karma!

Sie können sehr wohl dem Glück auf die Sprünge helfen, aber bei Licht betrachtet, handelt es sich eben nicht um »Glück«, sondern um finanzielle Intelligenz, wie man das nennen könnte.

Das vorliegende Buch richtet sich also kurz gesagt an jeden, der darüber nachzudenken beginnt, wie er seine finanzielle Zukunft anders gestalten könnte und der auf einmal die Perspektiven sieht und erkennt, wie er selbst wohlhabend, im Idealfall äußerst wohlhabend, ja reich zu werden vermag.

Verlassen wir nun unsere beiden Haarkünstler und wenden wir uns erneut kurz meiner Biografie zu.

EIN AUTHENTISCHES LEHRSTÜCK

Es nahm sich wie folgt aus, in nackten Zahlen und Fakten: Als ich endlich den Entschluss gefasst hatte, mit Immobilien ein Vermögen aufzubauen, kaufte ich sofort meine erste Eigentumswohnung in Ahrensburg, ein Randgebiet der Hansestadt Hamburg mit über 30.000 Einwohnern, und zwar für präzise 103.000 €. Ich sanierte die Wohnung und so sah die Rechnung im Detail aus:

Kaufpreis	103.000,– €
+ Notar/Amtsgericht	1.545,– €
+ Grunderwerbsteuer	3.605,– €
+ Makler	6.130,– €
+ Sanierung	20.000,– €
Gesamtkosten	**134.280,– €**

Nach nur einem einzigen Jahr betrug der erzielbare Kaufpreis nach der Sanierung bereits 165.000 €

Der Wertzuwachs = 30.720,- €!

Ich glaube, die Zahlen sprechen für sich selbst. Nach zehn Jahren werde ich diese Wohnung steuerfrei verkaufen. Dies ist in der Bundesrepublik Deutschland möglich. Die Vorbedingung: Man muss eine Immobilie länger als zehn Jahre in seinem Besitz halten. Bis es soweit ist, werde ich zusätzlich durch die Mieteinnahmen bereits einen Teil des finanzierten Wohnungskaufpreises getilgt haben. Die Lage dieser Wohnung ist exzellent, sie ist sehr zentral gelegen, es handelt sich tatsächlich um eine der bekanntesten Straßen in Ahrensburg. Die Kaufpreissteigerung betrug in den vergangenen Jahren in dieser Lage zwischen 6 bis 8 % pro Jahr. Sie können sich also denken, was ich wirklich an dieser Wohnung nach zehn Jahren verdienen werde, bitte rechnen Sie es sich spaßeshalber einmal selbst aus!

Soweit nur *ein* authentisches Beispiel.

Es gibt allerdings einige wichtige Voraussetzungen, die man im Auge behalten muss, wenn man wirklich wohlhabend werden will.

DIE UNABDINGBAREN VORAUSSETZUNGEN, UM REICH ZU WERDEN

Zunächst ist es von Bedeutung, den eigenen *Mindset* zu ändern, sprich die persönlichen Einstellungen und die eigene »Denke«. Es geht weiter darum, sich ein Grundlagenwissen in puncto Finanzen anzueignen, das tatsächlich heute nicht an unseren Schulen und Universitäten gelehrt wird. Es gibt einige simple Grundlagen, »basics«, die so einfach sind, dass man eigentlich nur den Kopf schütteln kann, dass sie nicht allgemein bekannt sind – und die trotzdem auf keinem Stundenplan zu finden sind. Sie müssen also erst einmal herausfinden, *wo* Sie die wirklich wichtigen Informationen aufspüren können. Sie sollten darüber hinaus wissen, was notwendig ist, wenn Sie sich selbstständig machen wollen – auch in dieser Beziehung spielt sich der entscheidende Unterschied zu der Angestellten/Beamten-Mentalität zunächst einmal im Kopf ab.

Natürlich kann niemand Fehler vermeiden. Doch selbst in dieser Beziehung gibt es ein gewisses Know-how, nämlich die Antwort auf die Frage, wie man mit Fehlern optimal umgeht und sogar aus ihnen Kapital schlagen kann. Es gibt ein Thema, das man überschreiben könnte mit »Über den hoch intelligenten Umgang mit Fehlern.«

Weiter muss man etwas von *Zielen* verstehen. Es handelt sich hierbei tatsächlich inzwischen um eine eigene kleine Wissenschaft, mit der sich in den vergangenen Jahrzehnten viele findige Köpfe beschäftigt haben. Kurz gesagt gibt es eine richtige

Methode, mit Zielen umzugehen, und hundert falsche Methoden.

Unverzichtbar ist es darüber hinaus, frühzeitig ein sogenanntes passives Einkommen zu generieren, sodass ihre Taschen jeden Monat gut gefüllt sind und sie nie in die Falle des mangelnden Cashflows laufen. Aber das wichtigste Stück an Know-how, das Sie benötigen, wenn Sie aus dem Hamsterrad ausbrechen und reich werden wollen, besteht natürlich darin, genau zu wissen, wie Sie bei einem bestimmten Investment vorzugehen haben, seien es nun Immobilien oder Aktien.

Hier gibt es einige grundlegende Regeln. Wenn Sie sie kennen und beachten, gewinnen Sie hoch oder sehr hoch, ja haushoch im Idealfall. Wenn Sie sie nicht kennen und nicht beachten, verschwinden Sie sang- und klanglos in kürzester Zeit von der Bühne.

All diese Themen werden wir abhandeln, ich werde Sie mit dem entsprechenden Know-how versorgen. Manchmal handelt es sich um Binsenweisheiten, die man sich aber trotzdem erst einmal klar machen muss, manchmal um gut gehütete Erfolgsgeheimnisse, die eigentlich niemand preisgibt.

Am wichtigsten aber ist dies: Es existiert *ein* Erfolgsgrundsatz, tatsächlich nur ein *einziger* Erfolgsgrundsatz, den Sie vollständig verstanden haben und beherrschen müssen, wenn Sie aus der Tretmühle ausbrechen wollen. Es handelt sich hierbei vielleicht um *das* Erfolgsgeheimnis schlechthin, was Geld angeht, und ich werde es am Ende dieses Buches vorstellen und nicht damit hinter dem Berg halten. Doch dieser goldene Lehrsatz, wie man ihn auch nennen könnte, macht erst dann Sinn, wenn Sie wirklich alle anderen Aspekte kennen.

Nun haben Sie – wie ich hoffe – eine klarere Vorstellung von dem, was dieses Buch Ihnen bietet. Betrachten Sie die folgenden

Seiten als Abenteuer. Ein Abenteuer, das Ihr gesamtes Leben umkrempeln und in eine vollständig neue Richtung lenken kann.

Die Fahrkarte hierfür haben Sie bereits gekauft, denn Sie halten das Buch ja gerade in den Händen. Jetzt müssen Sie nur noch Gas geben.

Kapitel 2
DIE WAHRHEIT ÜBER UNSERE AUSBILDUNG oder WO UND WIE SIE SICH WIRKLICH SCHLAU MACHEN KÖNNEN

Beginnen wir dieses Kapitel mit einem Versprechen. Wenn Sie die Informationen, die ich Ihnen auf den folgenden Seiten vorstellen werde, verinnerlichen und tatsächlich *anwenden*, haben Sie den ersten, entscheidenden Schritt in Richtung Wohlstand getan. Möglicherweise werden die folgenden Seiten außerdem Ihre Meinung bezüglich der Ausbildung und ihrer Bedeutung verändern. Erlauben Sie mir, dazu auf meine persönliche »Ausbildung« einzugehen.

LEHRJAHRE

Ich weiß nicht, wie sich Ihre Ausbildung ausnahm, aber die meine war ein Treppenwitz. Worunter man ursprünglich einen Witz versteht, der einer Person einen Moment zu spät einfällt – beim Hinausgehen, auf der Treppe –, und der deshalb nicht mehr in lustiger Runde zum Besten gegeben werden kann. Nun, auch ich reagierte zu spät oder reagierte sogar falsch, als es darum ging, »etwas Vernünftiges zu lernen«.

Wie bereits berichtet, brach ich mit 18 Jahren meine Schulausbildung nach der 12. Klasse ab, weil ich nicht verstand, warum ich so viel unnützes, unwichtiges Zeug in mich hineinstopfen, wiederkäuen und verdauen sollte. Die Streber redeten dem Lehrer nur nach dem Mund, aber weitaus bedeutsamer war der Umstand, dass man ständig etwas »auswendig lernen« musste. Dadurch wurde man zu einem hirnlosen Papagei erzogen, denn das Gelernte wurde selten wirklich »verstanden« und auf seinen Gebrauch und Nutzen hin abgeklopft. Ich aber wollte im Gegenteil etwas Handfestes, Anwendbares für das Leben selbst, ich wollte mich selbstständig machen und mein eigenes Unternehmen gründen. Wo aber werden unsere Jugendlichen darauf vorbereitet? In unserem Schulsystem mit Sicherheit nicht. Junge Menschen werden eher zu einem braven Untertanen herangezogen und in ein »Denk-Korsett« geschnürt. Wer hineinpasst, steigt auf der »Guten- Noten-Leiter« auf, wer anfängt, selbstständig nachzudenken und sich den Luxus einer eigenen Meinung zu erlauben, purzelt hinunter.

Als ich der Schule den Rücken kehrte, musste ich mir von allen Seiten anhören, dass es ein enormer Fehler sei. Immer wieder musste ich mir den Satz anhören: »Ohne Schul- und Berufsausbildung oder Studium bist du ein Nichts!« Und das auch noch, als ich mich bereits als freier Handelsvertreter selbstständig gemacht hatte. Ich ließ mich beeinflussen, auch von meinen Eltern, und begann meine sogenannte Berufsausbildung. Als ich schließlich einen Ausbildungsplatz bei einem Großhandel für Heizungs- und Sanitärbedarf ergattert hatte, erwartete man von mir demütige Dankbarkeit, denn normalerweise besaß man keine Chance, wenn man die Schule abgebrochen hatte. Azubis mit Abitur waren gefragt, ich verfügte jedoch nur über einen Realschulabschluss.

Nun bekam ich zum ersten Mal in meinem Leben mit, was es eigentlich bedeutete, ein »Angestellter« zu sein. Kurz gesagt: Ich musste blind tun, was mir befohlen wurde, ich musste wie ein Schaf gehorchen. Mein innerer Protest half mir wenig. Insgeheim dachte ich über meine Vorgesetzten ketzerische Gedanken wie: »Oh, wenn du wüsstest! Ich werde dich bereits in jungen Jahren weit überholt haben …!« Diese Gedanken flogen mir nicht etwa zu, weil ich unerträglich arrogant war, sondern weil ich schlicht und einfach an mich glaubte und wusste, dass ich eigenständig denken konnte. Ein solches Selbstvertrauen, wo immer es herkommen mag, ist vielleicht das Wichtigste, was einen Menschen auszeichnet. Sobald man dieses Selbstvertrauen verloren hat, ist alles verloren. Solange man es besitzt, ist viel möglich …

Wie auch immer, Gedanken sind zum Glück frei.

Obwohl ich eigentlich eine Berufsausbildung zum »Groß- und Außenhandelskaufmann« absolvierte, wurde ich während dieser Zeit wie ein einfacher Lagerarbeiter behandelt. Ich war, wie schon erwähnt, das Mädchen für alles. Jeden Morgen musste ich um 7.45 Uhr zur Arbeit erscheinen. Wenn ich das Großraumbüro mit zehn oder mehr Angestellten betrat und laut und deutlich »Guten Morgen« sagte, erhielt ich entweder keine Antwort oder jemand witzelte sofort und stellte die rhetorische Frage, was denn an diesem Morgen »gut« sei?

Die Stimmung befand sich kurz gesagt von frühester Stunde an schon auf dem Nullpunkt.

Bereits am ersten Tag, als ich wegen des guten Eindrucks gut gekleidet erschien, mit Anzughose und sauberem Hemd, wurde ich ins Lager versetzt. Dort stieß ich auf einen Sanitärinstallateur, einen Kunden, der mich erst abschätzend musterte und dann langsam an mich herantrat. Er schaute mich von oben bis unten wie angeekelt an und meinte daraufhin aufgeräumt: »Moin du alde Punse, allet klar oder wat?« Wer es nicht weiß: Eine *Punse* bezeichnet eine dicke, unförmige Frau oder auch das weibliche Geschlechtsorgan. Ich war jedenfalls sprachlos. Schon am ersten Tag überlegte ich, ob ich in diesem Verein überhaupt meine »Berufsausbildung« absolvieren sollte. Als ich dem Kunden ein freundliches »Moin« erwiderte, erwiderte er nur herablassend: «Bist neu hier, wa?«

Ich antwortete höflich: »Ja, heute ist mein erster Tag.«

Der Klempner erwiderte. »Gib mir mal deine Hand!« Ich reichte ihm ohne Misstrauen meine saubere rechte Hand. Er nahm sie und rieb sie darauf an seinen mit Arbeitsdreck überschmierten Handwerker-Paddeln ab, bis auch meine Hand vor Schmutz starrte. Dann sagte er mit dem Charme eines Fleischerhundes: »Damit du lernst, was arbeiten heißt …!«

Ich schluckte meine Antwort hinunter und verbiss mir eine Entgegnung. Aber ich war bereits bedient. Man konnte diesen Laden einfach nicht mögen. Alles war unsauber. Selbst die Kaffeemaschine war mit einer dicken Schmutzschicht überzogen. Im Winter war es so kalt wie in der Arktis, weil das Lager nicht beheizt wurde. Ich musste stets zwei dicke Pullover und darüber noch eine feste Jacken tragen.

Nach etwa einem Jahr »Berufsausbildung« stieg ich auf zum Gärtner – eine seltsame Art von Beförderung. Nun wurde mir erlaubt, die lange Einfahrt entlang des Firmengeländes von Unkraut zu befreien. Ich fluchte still und heimlich wie ein Rohrspatz. Meine Hauptaufgabe aber bestand nach wie vor darin, das Lager zu fegen, Pappkartons zu zerkleinern, Waren in die Regale einzuräumen und Regale auf- und abzubauen.

Fairerweise muss ich erwähnen, dass im Laufe der Zeit auch der Verkauf am Tresen zu meinem Aufgabenbereich gehörte. Hierfür sollte ich mich an einem meiner Vorgesetzten im Lager orientieren, einem Riese von einem Kerl, über zwei Meter groß, mit Schuhgröße 54.

Die Lagerchefin war ein richtiges »Mannweib« mit Haaren auf den Zähnen. Wenn sie etwas befahl, musste das umgehend erledigt werden. Allerdings muss ich zugeben, dass sich keiner so schnell bewegte wie sie. Sie war mit Abstand die wendigste Mitarbeiterin in dem gesamten Laden. Niemand kannte sich so gut aus wie sie, nur sie konnte jede Frage beantworten. Aber ich fand im Laufe der Zeit heraus, dass selbst sie nur ein höchst bescheidenes Gehalt einstrich.

Ich kenne also das Gefühl, ständig auf die Uhr zu schauen, um zu sehen, wann endlich, endlich Feierabend ist und man wieder Herr seiner Zeit. Hinzu kam, dass sich die Mitarbeiter irrationalerweise ständig wechselseitig zu übertrumpfen suchten, um »unverzichtbar« zu erscheinen. Obwohl der offizielle Arbeitsbeginn um 7.45 Uhr anberaumt war, erschienen einige besonders eifrige Mitarbeiter schon um 6.45 Uhr. Und statt um 16.30 Uhr Feierband zu machen, pilgerten sie erst um 17.30 Uhr nach Hause oder sogar noch später. Die Berechnung dahinter: Sie versuchten, sich »unentbehrlich« zu machen, sie versuchten sich auszuzeichnen und abzuheben vor den anderen.

Sie befanden sich dabei alle ausnahmslos in der gleichen Tretmühle, in einem Hamsterrad, ohne es selbst zu bemerken! Sie strampelten sich ab, ohne zu erkennen, dass ihre Bemühungen zu nichts führten. Die besonders Eifrigen glaubten, aufgrund ihres Einsatzes über einen besonders »sicheren« Arbeitsplatz zu verfügen. Aber ich habe erlebt, wie schnell Mitarbeitern gekündigt wird, wenn die Konjunktur kippt oder wenn es aus anderen Gründen mit einem Unternehmen bergab geht.

Aller guter Wille und jeder Sondereinsatz sind dann vergebens. Soll ein Arbeitsplatz wegrationalisiert werden, wird der Arbeitnehmer ohne mit der Wimper zu zucken vor die Tür gesetzt. Oder wenn es einen besseren, fähigeren Mitarbeiter gibt, der dem Unternehmen mehr Geld bringt, wird selbst der altgediente Haudegen ohne eine Träne im linken Auge verabschiedet, mit ein paar tröstenden Worten vielleicht, wovon er sich jedoch nichts kaufen kann.

Aber ich biss mich durch. Nach zwei Jahren gestattete man mir erneut, »aufzusteigen«. Ich wurde zum »Aktensortierer« im Büro befördert. Oh, welche Karriere! Als ich jedoch eines Morgens um Punkt 7.45 Uhr im Flur des Großraumbüros meine Jacke an den Haken hängte, pfiff mich mein Vorgesetzter (der Chef dieses mittelständischen Groß-Unternehmens persönlich) an: »Herr Käselow, um 7.45 Uhr sollten Sie bereits an Ihrem Platz sitzen und arbeiten und nicht erst Ihre Jacke aufhängen!«

Ich war baff. Trotzdem entschuldigte ich mich, dachte aber innerlich, dass es sich bei meinem neuen Vorgesetzten um ein ausgemachtes … handelte. Ich tröstete mich jedoch mit dem Gedanken, dass ich ja nur meine »Ausbildung« hinter mich bringen wollte, ich brauchte lediglich ein Stück Papier in der Tasche, mit dem ich herumwedeln konnte und das meine Kenntnisse offiziell bestätigte. Keinen einzigen Moment dachte ich einen anderen Gedanken, als schlussendlich nur meinen eigenen Weg zu gehen …

Wie in Deutschland üblich bestand meine Berufsausbildung aber nicht nur aus einem betrieblichen Teil, auch in schulisch-fachlicher Hinsicht wurde ich belehrt. Im Rahmen meiner kaufmännischen Ausbildung schnupperte ich also auch per Blockunterricht in das Fach »Finanzbuchhaltung« hinein. Blockunterricht deshalb, weil der Unterricht in zusammenhängenden Zeiträumen (Blöcken) an mehreren Tagen oder sogar Wochen an einem Stück stattfindet. Dadurch befindet man sich in der komfortablen Lage, »en bloc« ein Gebiet zu durchkämmen und schneller zu erfassen. Der Unterricht ist intensivier, es kann mehr Unterrichtsstoff vermittelt werden. Aber ach, das ist nur schöne Pädagogik-Theorie. Ja, ich lernte einiges über die Finanzbuchhaltung, konkret etwa was ein T-Konto ist: Über einem waagerechten Strich befinden sich Kontonummer und Kontobezeichnung, darunter ein durch einen senkrechten Strich geteilter Raum für die Soll-Buchungen (links) und Haben-Buchungen (rechts). All das besitzt vielleicht einen bedingten Nutzen, aber wie man sich selbstständig macht oder wie gar die Wirtschaft in Wahrheit funktioniert, lernte ich nicht. Ich lernte mit anderen Worten einige Formalitäten, Übereinstimmungen, wie etwas auf dem Papier auszusehen hat, aber in die echten Geheimnisse, Tricks und Kniffe wurde man natürlich nicht eingeweiht – weil sie den Lehrern selbst nicht bekannt waren. Wichtige Fragen wurden nicht beantwortet, also etwa: Wie und wo melde ich ein Gewerbe an? Worum handelt es sich bei einer Gewerbe-Anmeldung eigentlich? Wie melde ich einen Mitarbeiter an? Wie erstelle ich eine Lohn-Abrechnung? Alles, was für die Gründung und Führung eines Unternehmens wichtig ist, blieb sorgfältig ausgespart. Will man das in Erfahrung bringen, muss man einen Steuerberater anheuern, der sich für dieses Stückchen Knowhow fürstlich bezahlen lässt. In der Gründungsphase wird man auf diese Weise einen tüchtigen Batzen Geld los, Geld, das man eigentlich händeringend anderweitig braucht. Die Alternative besteht darin, sich solche Informationen in mühevoller Kleinarbeit selbst anzueignen.

Lassen Sie mich an dieser Stelle so viel schon vorwegnehmen: Als ich mich schließlich selbstständig machte und mir all dieses Know-how aneignen musste, suchte ich mir eine Buchhalterin und bezahlte diese einmal, ein einziges Mal, dafür, mich in all diese Details einzuweihen. Und natürlich hat sich in der Zwischenzeit dieses Know-how-Investment tausend Mal bezahlt gemacht!

Doch bleiben wir der Chronologie treu. Ich lernte während meiner Ausbildung kurz gesagt die »Buchhaltung des Lebens« nicht kennen. Ich lernte auch nicht, mit welcher Buchhaltungs-Software man am besten arbeitet, wie Software überhaupt funktioniert, welches Beleg-Ablagesystem man verwenden sollte und wie die Buchhaltung in der Praxis funktioniert – all das blieb mir zunächst ein Buch mit sieben Siegeln. Das heißt, das bisschen Theorie und praktische Wissen, das man tatsächlich verwenden konnte, befand sich auf einem Niveau für Neandertaler. In Bezug auf mein eigentliches Ziel, wohlhabend zu werden und ein Unternehmen zu gründen, wurde ich gründlich enttäuscht.

VERNÜNFTIGE UND UNVERNÜNFTIGE AUSBILDUNG

Aber ich will nicht gegen jede Art von Ausbildung mobil machen, im Gegenteil. Es kommt immer auf das *Ziel* an, das man verfolgt – und ob eine Ausbildung diesem Ziel dienlich ist oder nicht.

Es gibt hervorragende Ausbilder und exzellente Lehrer, vor denen man sich nur bis zum Boden verneigen kann. Fachliches Wissen ist ein hohes Gut. Und auch die Berufsschule vermittelte mir ein unverzichtbares kaufmännisches Grundwissen. Nicht umsonst legte ich deshalb später auch noch die Prüfung zum Geprüften Immobilienfachwirt ab. Aber selbst während dieser Ausbildungszeit lernte ich nicht wirklich, worauf es in letzter Konsequenz bei einem Immobiliengeschäft ankommt.

Bei weitem zu oft schießt unsere Ausbildung heute völlig am Ziel vorbei. Sie ist zu wenig praxisorientiert. In den meisten Fällen besteht das Ziel lediglich darin, ein Examen zu bestehen, sodass man in der Folge dieser oder jener Tätigkeit legal nachgehen darf. Unmengen unnützer Theorien werden im Rahmen vieler Bildungsgänge dem Schüler/Studenten aufgepfropft, die man danach in den Papierkorb werfen kann. Meiner Meinung nach ist unser gesamtes Ausbildungssystem viel zu praxisfern, zudem wird es unterlassen, auf das Leben selbst vorzubereiten, das Leben in finanzieller Hinsicht, um das sich doch schlussendlich alles dreht, ob man will oder nicht.

Die finanzielle Praxis, die später alles entscheidend ist, wird sträflich vernachlässigt. Der große Skandal unseres Ausbildungssystems besteht darin, dass man als junger Mensch nicht über Geld aufgeklärt wird. Oder haben Sie etwa in der Schule gelernt, wie man am besten ein Finanzierungsgespräch mit einem Banker führt? Das Wissen oder Nichtwissen hierüber kann über viele Jahre Ihres Lebens entscheiden, die Sie für andere hart arbeiten müssen – oder eben nicht!

Und: Wissen Sie, welche Schulden man machen darf und welche man wie der Teufel das Weihwasser meiden sollte?

Wissen Sie *wirklich*, wie man mit Geld umgehen sollte und wo man investieren darf und wo nicht?

Machen wir die Probe aufs Exempel. Und präsentieren wir anbei ein höchst einfaches Stück Grundlagenwissen, das jedoch bereits Ihre ganze »Denke« vom Kopf auf die Füße stellen kann. Es handelt sich hierbei um die unvorstellbare Macht des Zinses und des Zinseszinses.

ZINS UND ZINSESZINS

Wir wollen uns nicht in langatmigen Ausführungen über die Macht des Zinses ergehen. Zinsen zu nehmen war im Mittelalter lange Zeit sogar verboten, von der Kirche und dem Papst selbst, dem *papa* in Rom, Zinsen wurden als ein Werk des Teufels angesehen – bis ein Papst, der gerade selbst klamm war, einlenkte. Heute sind Zinsen und Zinseszinsen nicht mehr aus der Realität wegzudenken. Erlauben Sie eine Frage: Wissen Sie, was aus läppischen 10.000 €, keine exorbitant hohe Summe also, mit Hilfe des Zinses und des Zinseszinses (= also Zinsen, die man selbst auf Zinsen erhält), nach 7, 10, 20 und 30 Jahren werden kann? Wenn man also beispielsweise 10 % Zinsen auf 10.000 € erhält, wobei sich die erhaltenen Zinsen wieder verzinsen?

Dies ist die Antwort:

Ausgangssumme 10.000,–	10 % Verzinsung
Nach 7 Jahren	19.487,17 €
Nach 10 Jahren	25.937,42 €
Nach 20 Jahren	67.275,00 €
Nach 30 Jahren	174.494,02 €

Eine erstaunliche Summe, meinen Sie nicht? Nach nur sieben Jahren verdoppelt sich fast die Summe, nach 30 Jahren sind Sie bereits ein kleiner Krösus! Jung-Millionäre fangen deshalb gewöhnlich sehr *früh* an, geschickt zu investieren.

Nehmen wir spaßeshalber nun auch 100.000 € ins Visier. Hier sieht die Rechnung so aus:

Ausgangssumme 100.000,–	10 % Verzinsung
Nach 7 Jahren	194.871,71 €
Nach 10 Jahren	259.374,25 €
Nach 20 Jahren	672.750,00 €
Nach 30 Jahren	1.744.940,23 €

Schon nach nur sieben Jahren verdoppelt sich praktisch auch hier die eingesetzte Summe. Schlussendlich, nach 30 Jahren, sind Sie bereits Millionär beziehungsweise 1,7-facher Millionär.

Tatsächlich ist es nicht allzu schwierig, 10 % pro Jahr zu erwirtschaften, ich werde an späterer Stelle darauf noch zurückkommen. Doch zunächst geht es mir um eine ganz andere Einsicht: Diese beiden kleinen, unkomplizierten Rechnungen bergen natürlich beträchtliche Konsequenzen in sich, sie bergen Sprengstoff – sofern man über den Zinseszins wirklich nachdenkt!

Nun, die Erkenntnis Nummer 1 lautet sehr einfach: **MACHEN SIE KEINE SCHULDEN!**

Tatsächlich gibt es nur eine einzige Ausnahme hierfür, die wir an späterer Stelle vorstellen werden, doch selbst bei dieser Ausnahme handelt es sich bei Licht betrachtet nicht wirklich um Schulden. Aber halten wir es im Moment einfach. Grundsätzlich gilt: Wenn Sie Schulden machen, speziell hohe Schulden, sind Sie verraten und verkauft.

Die Zinsen, auf die Sie praktisch immer auch Zinseszinsen zahlen müssen, sind meist hoch. Sie müssen nicht unbedingt 10 % betragen, Sie können sich auch »nur« auf 5 % belaufen, aber manchmal betragen Sie eben auch 10 % oder sogar 15 % und mehr.

Was ist das Ergebnis? Nun, Sie werden schneller arm, als Sie es sich vorstellen können. Sie werden ausgenommen wie eine Weihnachtsgans. Das mit absolut Dümmste, was Sie machen können, ist, etwas auf Pump zu kaufen.

Der Zinseszins wird Ihr Geld förmlich auffressen.

Nun müssen Sie sich zusätzlich dies vor Augen halten: Praktisch unser gesamtes Wirtschaftssystem lebt auf Pump. Uns wird eingeimpft, durch tausend Werbesprüche, dass wir uns alles zu leisten vermögen; hier kann man einen Konsumkredit aufnehmen, dort den Disporahmen überziehen. Es wird Ihnen leicht gemacht, allzu leicht, Geld zu borgen. Sie werden in ein Konsumverhalten hineinmanipuliert.

Ein rassiges Autos, ein hübsches Einfamilienhaus, ein unvergesslicher Urlaub ... ständig werden Konsumwünsche wachgekitzelt. Gleichzeitig wird Ihnen von geschickten Werbern vorgerechnet, dass Sie doch pro Monat nur einige wenige Euros abdrücken müssen, um die Summe x zurückzuzahlen, die Sie gepumpt haben. Man springt also rasch von der *jährlichen* Betrachtungsweise auf die *monatliche* oder gar tägliche Sichtweise, um Ihnen, dem Verbraucher, Sand in die Augen zu streuen. »Mit nur zwei Euro pro Tag verfügen Sie bereits über eine wasserdichte Lebensversicherung!« – kennen Sie solche oder ähnliche Werbesprüche?

Aber bleiben wir bei unserem Konsumkredit und sehen wir einmal davon ab, dass man oft versucht, die Rückzahlung kleinzureden, indem man nicht mehr die jährliche Betrachtungsweise anlegt. Sie haben vielleicht einen lächerlichen Kleinkredit von »nur« 5.000 € aufgenommen, aber wenn Sie die Gesamtsumme nach sieben Jahren auf einen Schlag zurückzahlen, wird zudem der Zinseszins fällig. Sie berappen dann bereits rund den doppelten Betrag – bei nur 10 % Zinsen, wenn Sie den Zinseszins einrechnen. Sie verstehen? Ihnen wird das Fell über die Ohren gezogen.

Vielleicht wird zudem noch eine »kleine Bearbeitungsgebühr« fällig. Und möglicherweise ändert sich der Zins während einer Laufperiode zu Ihren Ungunsten! Wir könnten also noch sehr viel katastrophalere Rechnungen aufmachen. Banken sind Meister darin, hier eine kleine Gebühr abzuzwacken und dort einige kleine »Strafzinsen« oder »Verzögerungszinsen« zu erheben. Aber der Spaß summiert sich. Niemand versteht offenbar, dass das grundlegende Geschäft der Banken darin besteht, Geld für hohe Zinsen auszuleihen und Geld, das bei ihnen deponiert wird, mit niedrigen Zinsen zu vergüten.

Kreditinstitute sind keine Wohltätigkeitsvereine. Bankiers sind knallharte Rechner, die den Begriff »Mitleid« nicht einmal aus dem Wörterbuch kennen. Und so tappen rund 90 % aller Bürger regelmäßig in diese Zinseszinsfalle. Sie werden legal über den Löffel barbiert, da sie sich keine Rechenschaft darüber ablegen, wie viel sie im Falle eines Falles tatsächlich zurückzahlen müssen. Kredite werden in den Himmel gelobt, angepriesen und schöngerechnet, sie werden mundgerecht serviert und mit Girlanden geschmückt.

Das sollten wir in der Schule lernen! Die *Anwendung* des Zinseszinses, und zwar aus dem Effeff. Man sollte dem jungen

Menschen die Gefahren, die mit einer simplen Kreditkarte einhergehen, die ständig zum Kauf und Konsum verführt, mit hundert Filmen vor Augen führen. *Das* könnte man dann unter Umständen *Ausbildung* nennen!

Zinsen und Zinseszinsen können Ihr gesamtes Einkommen auffressen, wenn Sie nicht aufpassen wie ein Luchs. In Nullkommanichts sind Sie in finanzieller Hinsicht völlig unbeweglich. Es handelt sich bei dem Zinseszinseffekt um die gefährlichste und hinterhältigste Fallgrube, die man sich überhaupt vorstellen kann. Und alle, alle machen mit und applaudieren.

Banken und andere Großunternehmen verdienen sich dumm und dämlich, auf gut Deutsch gesagt, allein aufgrund der Tatsache, dass Menschen in Kredite hineingeschwatzt werden, in alle möglichen Konsumkredite. Aufgrund des Zins- und Zinseszinseffektes werden sie immer dicker und fetter. Schauen sie sich einmal unvoreingenommen mit offenen Augen in Deutschland um und erkennen Sie selbst, wer die riesigen Bürotürme besitzt und über unglaubliche Gelder verfügt. Woher stammt all das Geld? Nun, zum großen Teil von Ihren Zinsen und Zinseszinsen!

Diese Unternehmen, die Ihnen Kredite anbieten, machen wirklich Money! Warum? Nun, diese Unternehmen arbeiten sehr simpel mit diesem Zinseszinseffekt. Sie pumpen Ihnen freudig Geld – und sie erhalten *sehr* viel mehr zurück als sie eingesetzt haben. Trotzdem ist es unsinnig, auf diese Unternehmen zu schimpfen. Nicht sie sind verantwortlich! Es wäre sehr viel intelligenter, sich selbst an die Nase zu fassen und über die eigene Dummheit den Kopf zu schütteln.

Verinnerlichen Sie also diese simple Einsicht: Der Zinseszinseffekt macht Sie arm. Machen Sie keine Schulden, und wenn ein Angebot noch so verlockend aussieht. Sie werden Ihres Lebens nicht mehr froh, wenn Sie sich einmal in der Falle befinden.

Kaufen Sie nichts auf Pump, selbst wenn hundert hübsche Frauen ein Produkt anpreisen.

Am dramatischsten macht sich der Zinseszinseffekt nebenbei bemerkbar, wenn Sie ein Eigenheim voll finanzieren, das als das Nonplusultra aller »Investitionen« in Deutschland angesehen wird. Oh, ein Eigenheim, das ist Statussymbol und Komfort und Luxus zugleich. Aber hören und staunen Sie: Wenn Sie eine Immobilie mehr oder weniger voll finanzieren, zahlen Sie schlussendlich rund die bis zu dreifache Summe des eigentlichen Wertes der Immobile. Selbst bei einem verhältnismäßig niedrigen Zinssatz. Rechnen Sie einmal spaßeshalber selbst durch, wie viel Sie zusätzlich zahlen müssen, wenn die Zinsen »nur« x % betragen. Machen Sie privat für sich selbst eine Rechnung auf!

Aber wer ist der Schurke? Der Zinseszinseffekt!

Nun rechnen Sie noch all die Gebühren hinzu und die Steuern! Rechnen Sie weiter hinzu, dass Sie die Immobilie aller Wahrscheinlichkeit überteuert eingekauft haben, wie das etwa bei 80 bis 90 % aller Eigenheimbesitzer der Fall ist.

Sie machen mit anderen Worten das schlechteste Geschäft Ihres Lebens!

Sie zahlen

1. satte Gebühren,
2. kräftige Steuern,
3. einen überhöhten Kaufpreis und
4. rennen in den Zinseszinseffekt.

Man zahlt vielleicht ein ganzes Leben lang seine Schulden ab, nur um ein paar tote Steine sein Eigen nennen zu dürfen. Man befindet sich in einem Hamsterrad, aus dem man nicht mehr ausbrechen kann. Man schuftet für die Bank.

Alle Konsumkredite sind mit finanzieller Intelligenz nicht zu vereinbaren. Sie sind perfekte Fallgruben. Vom ersten Moment an, da Sie über eigenes Geld verfügen, werden Sie über den Tisch gezogen, ganz »legal« natürlich!

Warum Ihnen das niemand erzählt? Nun, vielleicht kennen die Lehrer selbst nicht die Spielregeln. Meist verlässt man sich doch bei Geldfragen auf einen »Finanzberater« oder »Vermögensberater«. Aber diese Herrschaften verdienen oft genug selbst daran, wenn Sie Ihnen einreden, einen Kredit aufzunehmen. Doch die Folgen sind verheerend für Ihren Geldbeutel. Sie zahlen mit Jahren, manchmal Jahrzehnten Ihres Lebens dafür, dass Sie nicht den Zinseszinseffekt kennen. Sie verzichten auf ein Stück finanzieller Freiheit. Sie werden zum Sklaven der Banken und der Konsumindustrie. Sie geraten zum Leibeigenen der Kreditinstitute.

All das geschieht, weil Sie nicht wirklich den Zinseszinseffekt kennen! Erstaunlich!

Soweit die schlechte Nachricht, nun die gute. Es gibt glücklicherweise auch eine andere Seite der Medaille.

Wenn Sie umgekehrt Geld für sich arbeiten lassen, kommen sie in den *Genuss* des Zinseszinseffektes. Das gleiche Prinzip können Sie also zu Ihrem Vorteil nutzen. Sofern Sie den Zinseszinseffekt kennen und wissen, wie man 10 % (und weit mehr Zinsen!) pro Jahr erwirtschaften kann, macht Sie dieses Wissen buchstäblich reich. Sie müssen lediglich die Konsequenzen aus der Erkenntnis ziehen, wie stark sich Geld vermehrt, wenn Sie Zinsen (und Zinsen auf Zinsen) erzielen. Dafür müssen Sie freilich einige grundlegende Investmentregeln beachten. Diese Regeln können Sie ohne Weiteres erlernen, auch ohne Betriebswirtschaft oder Volkswirtschaft studiert zu haben. Ich werde sie Ihnen an späterer Stelle vorstellen.

Aber warum bringt uns das niemand bei? Warum führt uns niemand die wirklichen Konsequenzen der Zinseszinsrechnung vor Augen? Warum warnt uns niemand vor den Kreditkarten, mit denen man »schnell und problemlos« alles kaufen und bezahlen kann? Aus welchem Grund verrät uns niemand, dass die Werbeaktivität der Banken und der Unternehmen darin besteht, zum Konsum zu animieren und Geld auszugeben? Warum führt uns niemand die wirklichen Konsequenzen von Schulden vor Augen? Und warum verrät uns niemand, wie wir umgekehrt finanziell unabhängig und reich werden können?

Nun, die Antwort besteht nicht etwa darin, dass alle Banker und Unternehmer von Haus aus abgefeimte Schurken sind. Die wahre Antwort lautet: Wir *selbst* haben uns nicht sachkundig gemacht. Wir haben uns einlullen lassen von all der Werbung. Wir haben darauf verzichtet, unseren Verstand zu benutzen, haben es versäumt, die simpelste aller Rechnungen nachzuvollziehen: Die Zinseszinsrechnung. Theoretisch könnte man die verheerenden oder die wunderbaren Konsequenzen der Zinseszinsrechnung einem Viertklässler beibringen. Und dennoch kennen die meisten von uns sie nicht. Und das ist kein Wunder, fehlt in unserer Ausbildung doch das Fach «Finanzielles Grundlagenwissen«, ein Wissen, das unser aller Leben positiv zu verändern vermag.

DAS HAMSTERRAD und DIE GESELLSCHAFTLICHEN KONSEQUENZEN

Zu wenige Zeitgenossen realisieren, dass Sie in unserem Schulsystem lediglich zu guten Arbeitnehmern herangezogen werden. Oder wurde Ihnen beigebracht, wie man eine Banksoftware für den Eigenbedarf nutzen kann? Wissen Sie, in welche Aktien man investieren und von welchen man gefälligst die Finger lassen sollte? Verfügen Sie über Know-how, das Ihnen verrät, in welche Immobilien Sie Ihr Geld stecken dürfen und in welche nicht?

Für all diese Fragen gibt es relativ einfache Antworten, es ist keine Geheimwissenschaft. In Deutschland (und erst recht in anderen Ländern) würde sehr viel weniger Armut anzutreffen sein, wenn unseren Kindern und Jugendlichen die finanziellen Grundregeln beigebracht würden. Der Staat würde in der Folge über mehr Steuereinnahmen verfügen. Menschen wären gesünder, denn Sie könnten sich das Beste vom Besten leisten, während wir momentan auf ein ungerechtes Zweiklassen-Gesundheitssystem zusteuern.

So aber leben wir in einer Gesellschaft des Neides, wo jeder, der zwei Cent mehr hat als der andere, bereits scheel angesehen wird. Veraltete Polit-Philosophien, wie der Kommunismus oder sein Enkel, der Sozialismus, die beide eigentlich ins 18. Jahrhundert gehören, werden stattdessen ausgegraben und wiedergekäut und feiern fröhliche Urständ. Stattdessen könnte man jedem Kind und erst recht jedem Jugendlichen beibringen, wie man sich in finanzieller Hinsicht idealerweise verhalten sollte. Dann würden sie unversehens über sehr viel mehr Eigenverantwortung verfügen. Milliarden von Euro oder Dollars stünden plötzlich dem Staat zusätzlich zur Verfügung, wenn wir in den Schulen wirklich aufgeklärt würden, denn sehr viele Zeitgenossen wären unversehens sehr viel erfolgreicher.

Wenn jemand wirklich aufgeklärt ist, wird er im Übrigen stets der Selbstständigkeit den Vorzug geben … er verdient einfach viel mehr, *sehr* viel mehr.

Zudem ist das Risiko, als Arbeitnehmer pleitezugehen, um ein Vielfaches größer als das Risiko eines Selbstständigen, denn der Selbstständige verfügt, sobald das Geschäft läuft, über zahlreiche Kunden. Der Angestellte dagegen ist immer nur von einer einzigen Geldquelle abhängig: dem Unternehmen seines Bosses. Wir hätten also weniger Arbeitslose, wenn Menschen in pekuniärer Hinsicht aufgeklärt werden würden. Tatsächlich würden sich zahlreiche Probleme im gesellschaftlichen und politischen

Raum buchstäblich in Luft auflösen. Der Selbstständige könnte weiter Rücklagen bilden. Aber nein, wir werden belehrt, wie angeblich »sicher« es ist, sich im Hamsterrad zu bewegen und eine »unkündbare Stelle« zu ergattern, die es jedoch in der Realität gar nicht gibt. Wenn das Rad eines Tages nicht mehr rund läuft, sieht sich unversehens selbst der Hamster den größten Problemen gegenüber.

DIE WAHRE SCHULE oder
DIE RIEGE DER JUNG-MILLIONÄRE

Und so verwundert es nicht, dass einige der erfolgreichsten Unternehmer der Geschichte das Manko unseres Schulsystems früh durchschauten und den Bettel einfach hinschmissen. Sie erkannten, dass die wahre Schule nur das Leben selbst bietet, und dass man die finanziellen Spielregeln am besten in der Praxis erlernt. Denken wir nur an Bill Gates, Michael Dell, Richard Branson oder Mark Zuckerberg.

Mark Zuckerberg, Baujahr 1984, ein typischer Jungmillionär, gründete das Online-Netzwerk *Facebook*, wie sattsam bekannt ist. Er hält immer noch einen Anteil von 28 Prozent, obwohl er inzwischen rund 18 Milliarden Dollar schwer ist. Zuckerberg studierte zunächst an der renommierten Harvard University. Aber er sagte im Jahre 2006 einfach *au revoir*, er gab das Studium an einer der besten Universitäten der Welt auf, ohne Abschluss, er kehrte einer Elite-Universität den Rücken! Warum? Nun, er war ein Praktiker und kein Theoretiker. Ein paar Jahre später kehrte Zuckerberg nach Harvard zurück, an seine alte Uni, aber nur, um einen Vortrag zu halten. Er kehrte zurück als einer der erfolgreichsten Internet-Unternehmer seiner Zeit und wurde wie ein Rockstar gefeiert.

Michael Dell, Jahrgang 1965, der US-amerikanische Gründer des weltweit drittgrößten PC-Herstellers, Dell Inc., studierte zunächst an der University of Texas. Aber statt sich auf sein Studium zu konzentrieren, widmete er sich früh dem Handel mit IBM-PCs. Auch er brach sein Studium ab und gründete ein Unternehmen in Texas. Er mietete Büroräume an, stellte Mitarbeiter ein, begann selbst Computer-Produkte herzustellen und avancierte zu einem der jüngsten Millionäre seiner Zeit.

Richard Branson (Jahrgang 1950), gelang es ebenfalls, schon in jungen Jahren zum Millionär aufzusteigen. Der britische Unternehmer und Ballonfahrer, der heute rund 4,2 Milliarden US-Dollar schwer ist, war ein Senkrechtstarter. Er verließ die Schule ohne Abschluss und gründete 1970 sein erstes Unternehmen, *Virgin*, das zuerst nur Schallplatten versandte und später ganze Plattenläden betrieb. Als er den damals noch unbekannten Musiker Mike Oldfield (Tubular Bells wurde über fünf Millionen Mal verkauft) unter Vertrag nahm, legte er den Grundstein für eine rauschende Erfolgsstory. Später gründete er weitere Unternehmen, unter anderem eine Airline, außerdem revolutionierte er den PC-Spiele-Markt. Heute baut Branson unter anderem Raumschiffe für private Kurzausflüge ins All, musste allerdings im Oktober 2014 einen herben Rückschlag hinnehmen, als ein Prototyp abstürzte. Zum Ritter geschlagen von Königin Elisabeth II. darf er sich inzwischen *Sir* nennen. Aber Branson investierte auch in erneuerbare Energien und ließ Tauchboote entwickeln, die in die tiefsten Tiefen der Ozeane vordringen können. Außerdem machte Branson durch andere Superlative von sich reden. So überquerte er als Erster den Atlantik in einem Heißluftballon und schrieb sich ins *Guinness Buch der Rekorde* ein.

Der Vorzeige-Universitäts-Abbrecher ist natürlich Bill Gates. Gates, Baujahr 1955, war 13 Jahre lang unangefochten der reichste Mann der Welt, sein Vermögen wird heute auf 73 Milliarden Dollar geschätzt. Er gründete mit seinem Schulfreund Paul Allen 1975 die *Microsoft Corporation* und verdiente sich damit eine goldene Nase. Mit 13 Jahren brillierte er in der Schule bereits in Mathematik und in den Naturwissenschaften, aber auch er brach sein Harvard-Studium ab. Der ganz große Coup gelang ihm, als er mit IBM ins Geschäft kam, damals der Computergigant schlechthin, den Microsoft aber überflügelte.

Und so könnte man fortfahren und fortfahren.

Grundsätzlich sind Millionäre *Macher*, sie scheren sich wenig um akademische Titel. Und wie schon gesagt, unsere Ausbildung ist viel zu theoriebefrachtet. Außerdem werden viel zu selten Behauptungen hinterfragt. Der Schüler oder der Student wird in ein System gezwängt, und genau innerhalb dieses Systems hat er sich zu behaupten. Dabei besteht echte Intelligenz, auch finanzielle Intelligenz, darin, sich außerhalb von vorgegebenen, starren Systemen bewegen zu können. Der Jung-Millionär nimmt zunächst einmal nichts als »gottgegeben« an.

Darüber hinaus ist unser Ausbildungssystem vollgestopft mit falschen Informationen. So lernen wir zum Beispiel sogar, wie dumm es ist, Schulden zu machen – was generell richtig ist, wie wir bereits gesehen haben –, aber es wird nie zwischen *guten Schulden* und *schlechten Schulden* unterschieden.

Gute Schulden sind zum Beispiel Darlehen für ungeheuer smart eingekaufte Immobilien oder auch clevere Unternehmensbeteiligungen, die mehr Geld abwerfen als die Zinsen, die man der Bank für das Darlehen entrichten muss, mit dem man diese Immobilien oder Unternehmensbeteiligungen erstanden hat, denn unter dem Strich bleibt immer noch ein Plus in der Kasse.

Schlechte Schulden sind Darlehen für Konsumgüter, wie Autos, Möbel, Reisen oder auch unvorteilhaft eingekaufte Immobilien, die ständig mehr Geld verschlingen als sie einbringen, die also die eigene Kasse belasten.

Die fundamentalsten Sachverhalte werden uns nicht beigebracht. Aber auch unsere Eltern wissen es selten besser. Meine
Mutter teilte mir am Anfang meiner Karriere mit: »Junge, so
viele Schulden wie du hast, möchte ich nicht haben! Ich könnte
keine einzige Minute mehr ruhig schlafen!« Aber sie verstand
nicht, dass es sich um »gute Schulden« handelte, denn ich verdiente ständig mehr und mehr Geld und konnte und kann meine Schulden deshalb leicht und problemlos zurückführen. Und
so schlief ich jede Nacht gut, ja sehr gut sogar, denn die Zeit arbeitete für mich und ich wurde immer vermögender. Viele wissen nicht, dass reiche Leute immer Schulden haben, aber es handelt sich dabei stets um »gute Schulden«, die unter dem Strich
betrachtet sogar ein passives Einkommen erzeugen.

In der Schule lernen wir zwar lesen, schreiben und rechnen, sogar kochen manchmal, aber wie wir richtig wirtschaften sollten,
lernen wir nicht. Zudem erklären uns unsere Eltern vielleicht,
dass man sein Geld lange fest anlegen muss, um 5 % Zinsen zu
erhalten. Aber sie lehren uns nicht, wie man ohne Weiteres auch
20 % Zinsen erwirtschaften kann, wenn man nur die Grundlagen vernünftigen Investments kennt. Jeder Zins, der über 6 %
liegt, wird bereits für unseriös gehalten. Nun, so viel ist richtig:
Wenn allzu aggressiv mit hohen Zinsen geworben wird, muss
man zweimal hinschauen, denn hohe Zinsen gehen normalerweise auch mit einem höheren Risiko einher. Aber genau dieses höhere Risiko kann man ausschalten oder zumindest auf
ein Minimum herunterfahren, wenn man wirklich etwas von der
Materie, um die es geht, versteht und über gute Investments
Bescheid weiß. Aber genau das wird uns eben nicht beigebracht.

Fest steht, (künftig) reiche Menschen arbeiten, um zu lernen,
(künftig) arme Menschen lernen, um zu arbeiten.

Führen wir diesen Satz noch ein wenig aus: Jung-Millionäre würden zur Not sogar umsonst arbeiten, wenn sie dadurch nur lernen könnten, wie der Hase läuft und wie etwas

funktioniert – sodass sie in der Folge gutes Geld verdienen können. Arme Menschen dagegen rackern sich ab und absolvieren die teuersten Ausbildungen, manchmal bis zu ihrem 30. Lebensjahr, wenn etwa der Doktortitel angepeilt wird, nur damit es ihnen später erlaubt wird, zu arbeiten und in einer Institution oder in einem Unternehmen unterzukommen.

Wie schon erwähnt, begegnen wir während unserer Ausbildung vielen Denkschablonen. Ein Grund, warum viele Menschen nicht reich werden, selbst wenn es erklärtermaßen ihr Ziel ist, besteht darin, dass sie sich in einem Umfeld bewegen, das selbst arm ist oder bestenfalls der Mittelschicht angehört. Ihnen wird beigebracht, dass Geld schlecht ist und alle reichen Leute ausnahmslos Abzocker sind, selbst die Unternehmer. Dass aber genau diese »Abzocker« Millionen Menschen Arbeit und Brot geben, wird geflissentlich übersehen.

Oft wird uns auch eingetrichtert, dass Geld nicht wichtig ist. Nun, natürlich gibt es Kategorien, die oberhalb des Geldes angesiedelt sind, wie etwa Integrität und Hilfsbereitschaft. Aber versuchen Sie einmal, im großen Stil anderen zu helfen, wenn Sie selbst keinen Cent übrig haben. Die Wahrheit ist ganz einfach, dass man nur dann höchst effektiv vielen Menschen helfen kann, wenn man sich nicht mehr um das eigene Überleben sorgen muss.

Wird man jedoch mit dem Satz »Geld ist nicht wichtig« indoktriniert, dann darf man sich nicht wundern, wenn schlussendlich die eigene Geldbörse tatsächlich leer bleibt. Eine Person, die Geld missachtet, wird nie über Geld verfügen … sie selbst hat diesen Gedanken ja bereits fest in ihrem Weltbild verankert. Gedanken aber besitzen Macht.

Auch die eigene Familie und die Gesundheit sind selbstverständlich Kategorien, die über dem Geld angesiedelt sind. Doch selbst in diesem Zusammenhang sollte man aufpassen:

Wenn man nicht gut für die Familie sorgen kann oder sich aufgrund von Geldmangel nur schlecht oder unzureichend ernährt und sich keinen guten Arzt leistet, wenn man ihn denn einmal braucht, lernt man sehr schnell, dass selbst in diesen höheren Kategorien Geld durchaus eine Rolle spielt. Sie belügen sich selbst, wenn Sie sich einreden, dass Geld nicht wichtig ist.

DER WIRKLICHE WERT DES GELDES...

... wird also kurz gesagt unterschätzt. Geld ermöglicht es, unbeschwerter zu leben und seinen wirklichen Zielen nachzugehen.

Einige Gurus unserer Tage empfehlen uns indes, doch bittschön eine »Work-Life-Balance« anzustreben, das heißt, Arbeit und Erholung geschickt miteinander zu verbinden. Schön und gut, das ist flott dahingesagt! Aber fragen Sie sich einmal, warum eine Person eine »Balance« zu ihrer Arbeit braucht? Richtig! Weil ihr die Arbeit Stress bereitet. Vielleicht auch, weil sie ihre Arbeit insgeheim hasst. Und weil sie sich in einem Hamsterrad befindet.

Allein die Vorstellung, über genügend Geld zu verfügen und deshalb nicht arbeiten zu *müssen*, lässt Stress magischerweise völlig verschwinden. Wenn eine Person theoretisch stets die Trumpfkarte zücken könnte, jeder Arbeit nach Belieben ade sagen zu können, würde sie sich keinerlei Stress ausgesetzt fühlen. Der Stress entsteht vor allem, weil jeden Monat das Gehalt (hoffentlich, hoffentlich!) pünktlich auf dem Konto erscheinen muss. Denn das Gehalt, das Geld, garantiert Überleben.

Auch das Phänomen des Burn-outs lässt sich sehr schnell verstehen, wenn man den Faktor *Geld* in die Gleichung einbezieht. Untersuchungen zufolge steigt die Anzahl der Menschen ständig an, die unter einem Burn-out leiden und sich ausgebrannt fühlen. Aber was ist der wahre Grund? Die Person, die sich ausgebrannt fühlt, geht Tag für Tag und Jahr für Jahr einem ungeliebten Job nach und rackert sich ab. Und warum? Nun, fast immer spielt das (fehlende oder zu wenige) Geld eine Rolle.

Wer würde nicht dieser Tretmühle lieber heute als morgen den Rücken kehren und sich dieser modernen Art von Sklaverei verweigern? Die Lösung liegt auf der Hand: Das Burn-out-Syndrom verschwindet, Abrakadabra, wenn man Herr seiner Zeit ist und über genügend Geld verfügt.

Im ersten Kapitel habe ich bereits darauf hingewiesen, dass es selbst einem Friseur gelingen kann, reich zu werden. Ja, er muss zu Beginn ein paar Abstriche machen. Aber dreimal dürfen Sie raten, ob es dem Herrn Arm oder dem Herrn Reich heute besser geht, in finanzieller und gesundheitlicher Hinsicht.

WAS WÄHREND UNSERER AUSBILDUNG VERNACHLÄSSIGT WIRD

In unserer Ausbildung wird nicht nur versäumt, selbstständig denken zu lernen, darüber hinaus wird auch die *Kunst der Beobachtung* nicht gelehrt. Bevor man eigenständig Schlussfolgerungen ziehen kann, muss man Menschen beobachten sowie Fakten in Augenschein nehmen und bewerten können. Wenn eine Person nicht beobachten kann, können ihr Informationen und Daten aus allen möglichen Quellen vorgesetzt werden und sie wird sie schlucken.

Der wohlhabende Zeitgenosse unterscheidet sich von dem armen Hund besonders in einer einzigen Beziehung: Er *beobachtet* wie ein Luchs. Er beobachtet, was Herr Reich richtig macht und Herr Arm falsch. Er nimmt Informationen nur von Herrn Reich an, nie von Herrn Arm. Weiter stellt er sehr schnell fest, durch Beobachtung, dass einige Institute, bei denen man Geld anlegen kann, nur 3,5 % Zinsen bieten, andere 5 % Zinsen und wieder andere Investments mit 10 % locken. Er beobachtet zudem, dass Zeitgenossen, die zu Geld gekommen sind, sich fast immer mit Aktien und Immobilien beschäftigen – und dass sie gewöhnlich selbstständig sind. Er macht die Augen auf. Er nimmt nicht jedes Wort, das ihm eingeflüstert wird, für bare Münze, sondern sucht sich seine Quellen aus, aus denen er schöpft. Wenn ein Vertreter für Lebensversicherungen in sein Haus marschiert und ihn von den Vorteilen einer LV überzeugen will, so rechnet er nach und nimmt die Argumente, die für und gegen eine Lebensversicherung sprechen, später noch einmal genau in Augenschein, allein, im stillen Kämmerlein. Nicht während der Vertreter noch in seinem Wohnzimmer sitzt und zehn verschiedene Verkaufstechniken anwendet.

Er beobachtet und denkt selbstständig. Und so erkennt er sehr rasch, dass der Versicherungsvertreter darauf gedrillt ist zu erfassen, welche Verkaufsstrategie er bei Ihnen anwenden muss, damit Sie anbeißen. Für die Lebensversicherung sprechen viele Argumente, etwa zehn an der Zahl. Der Vertreter wird nun genau die zu finden versuchen, die mitten in Ihr Herz führen und in die Zwölf treffen, sodass Sie unterschreiben. Es handelt sich bei ihm um einen mit allen Wassern gewaschenen Verkaufsprofi, der genau weiß, dass er auf die Sicherheit Ihres geliebten Töchterleins zum Beispiel abheben muss oder die Sicherheit Ihrer Gattin, damit er zum Zug kommt.

All das *beobachtet* der wohlhabende Zeitgenosse kühl. Daraufhin nimmt er die Nachteile einer LV unter die Lupe, indem er vielleicht ein Buch darüber liest. Sehr schnell findet er heraus, dass die Rendite bei einer Lebensversicherung am Ende der Laufzeit beschämend gering ist. Sie liegt meist nur bei 3 bis 4 %, entgegen der Aussage des Vertreters, der vielleicht von einer 7 %-Rendite spricht, um sehr leise hinzuzufügen, dass eben diese 7 % nicht garantiert werden können. Weiter sind die monatlichen Sparraten nicht von Pappe, die Kosten für die Vermittlerprovision sind astronomisch hoch und die Verwaltungskosten für die Versicherungsgesellschaft werden von Ihnen ebenfalls indirekt bezahlt. Die langen Laufzeiten einer LV sind ein Skandal. Zwischendurch können Sie nicht einmal über Ihr Geld verfügen, wenn Sie es dringend benötigen. Ein sofortiger Ausstieg aus einem LV-Vertrag ist praktisch nicht möglich, oder nur machbar, wenn Sie sich bereit erklären, gehörige Abstriche an der Summe vorzunehmen, die Ihnen eigentlich zusteht. Sie können zudem den Zinssatz einer LV nicht beeinflussen. Und auch um die Vererbbarkeit ist es schlecht bestellt, sie ist meist nicht gegeben. Am wichtigsten aber ist der Umstand, dass Sie mit einer LV kein »passives Einkommen« aufbauen, sprich Sie erhalten monatlich keine Vergütung. Ihre finanzielle Beweglichkeit wird kurz gesagt durch eine Lebensversicherung nicht größer, sondern kleiner.

Persönlich kenne ich kaum ein schlechteres Geschäft als eine Lebensversicherung.

Am unglaublichsten ist die geringe Verzinsung. Erst am Ende von 30 Jahren zum Beispiel kommt der große Schluck aus der Pulle, aber selbst wenn Sie jämmerliche 3 oder 4 % Gewinn machen, so ist hierin noch nicht einmal die Inflation einkalkuliert. Rechnen Sie die Inflation ein, so machen Sie meist sogar ein Minusgeschäft. Das heißt, wenn Ihnen für das Jahr 2050 eine große Summe in Aussicht gestellt wird, so nimmt sich diese Summe im Jahre 2020 vielleicht beeindruckend aus. Aber wenn Sie tatsächlich lebend und fröhlich das Jahr 2050 erreichen, ist diese Summe wahrscheinlich beschämend gering – berücksichtigt man die Kaufkraft des Geldes. 300.000 € sind heute viel Geld. Aber im Jahre 2050 ist die Summe vielleicht auf 150.000 € oder 100.000 € zusammengeschrumpft, was ihren *wirklichen* Wert angeht.

Das wird gerne, allzu gerne, verschwiegen.

DIE UNGLAUBLICHEN FOLGEN DER INFLATION

Wenige Bürger, geschweige denn Jugendliche, wissen, was es mit der *Inflation* wirklich auf sich hat, mit der regelmäßigen, schleichenden Abwertung unseres Geldes also. So hat die als stabil in Erinnerung gebliebene Deutsche Mark, deren Untergang und Verlust noch heute von vielen betrauert wird, im Laufe von nur 50 Jahren genau drei Viertel ihres Wertes verloren! Ich wiederhole: *Drei Viertel!* Und der Euro? Nun, nach nur zehn Jahren Existenz waren 100 € nur noch 85 € wert. Auch der scheinbar so stabile US-Dollar verlor ständig an Wert. Das englische Pfund und fast alle Währungen der Welt erlitten das gleiche Schicksal. Lediglich der Schweizer Franken blieb über die Jahrzehnte einigermaßen stabil.

Niemand lehrt unsere Schüler und Studenten die unglaublichen Folgen der Inflation. Niemand bringt Ihnen bei, dass Sachwert auf Dauer immer Geldwert schlägt, sprich dass Aktien/Immobilien (= Sachwert) dem Geldwert (Euro, Dollar, Pfund und so weiter) haushoch überlegen sind. Dabei ist speziell die deutsche Geschichte voll mit Beispielen, die genau diesen Umstand illustrieren.

Aber stellen wir noch einmal die Frage: Was *ist* Inflation eigentlich?

Nun, im Falle einer Inflation erhöht der Staat sehr einfach die Geldmenge, ohne dass auf der anderen Seite die Produktion entsprechend ansteigt. Die Folge: Die existierende Geldmenge wird aufgebläht – im Lateinischen bedeutet *inflatio* wörtlich *Aufblähung*. Aber da kein realer Gegenwert für die neue Geldmenge existiert, verliert das Geld insgesamt an Wert.

Der Vorteil für den Staat: er kann seine Ausgaben erhöhen und Schulden bedienen. Der Nachteil für den Verbraucher: sein Geld verliert an Wert, eine Enteignung quasi durch die Hintertür.

Und genau das und nichts anders ist das Phänomen der *Inflation*.

Wenn Sie also auf ein mageres Sparbuch setzen oder auf eine Lebensversicherung, so wird Ihnen im Klartext Geld gestohlen! Heimlich und schleichend!

Wer von uns rechnet sich denn wirklich aus, was 3 % oder 4 % Inflation (pro Jahr!) in letzter Konsequenz bedeuten? Oder gar 7 %? Mit der Zinseszinsrechnung?

Wie schon gesagt: Selbst die scheinbar ach so stabile D-Mark wurde einst zu drei Vierteln vernichtet, innerhalb von nur 50 Jahren. Die D-Mark wurde von den Alliierten nach dem Zweiten Weltkrieg als Nachfolgerin der Deutschen Reichsmark eingeführt, und zwar in einer Währungsreform 1948. In einer hoch geheimen Aktion druckte man das neue Papiergeld in New York und karrte es dann nach Deutschland. Über Bremerhaven transportierten die Amerikaner das frische Geld dann nach Frankfurt. Natürlich half die D-Mark bei dem Aufschwung in den Fünfzigerjahren. Aber im Laufe der Jahrzehnte wurde sie ebenfalls ausgehöhlt, bis sie im Euro aufging. 1999 akzeptierten 17 EU-Mitgliedstaaten den Euro als Einheitswährung, der aber schon bald den Spitznamen »Teuro« erhielt, denn auch er verlor ständig an Wert. Und der Dollar? Nun, die Welt-Leitwährung verlor innerhalb eines Jahrhunderts über 90 % seines Wertes! Von 1913 bis 2013 stahl der US-Staat, und mit ihr die US-Notenbank, die Federal Reserve, 0,95 Dollar von jedem einzelnen Dollar!

Abenteuerlich, nicht?

Noch abenteuerlicher sind die Konsequenzen für den Sparer: Er wird ständig durch die Hintertür enteignet, ob in den USA, in Deutschland, Zypern, England, Frankreich oder Japan.

In Deutschland brauchte man nur ein halbes Jahrhundert, um die D-Mark von 100 Pfennigen (1948) auf 25 Pfennige (1997) herunterzuwirtschaften. Die Konsequenzen? Halten Sie sich fern von Lebensversicherungen! Von Bausparverträgen! Von Sparbüchern überhaupt, mit ihren mageren Zinsen! Von allen Sparmöglichkeiten, wo Ihnen nur 3, 4 oder 5 % angeboten werden. Sie machen fast immer ein Minusgeschäft! Allein die Inflation frisst Ihre Zinsen auf, in atemberaubender Geschwindigkeit.

Sie sollten immer dann hellhörig werden, wenn in Europa oder in den USA wieder einmal Unmengen von Geld nachgedruckt werden, wie das etwa 2011 und 2012 der Fall war. Denn, wie gesagt, eine Ausweitung der Geldmenge bedeutet unweigerlich, dass die Währung an Wert verliert und Sie, wenn Sie nur auf Geldwerte setzen und nicht auf Sachwerte, heimlich, still und leise über den Löffel barbiert werden. Natürlich unter staatlicher Aufsicht und im Rahmen der Gesetze.

Der Dieb ist sozusagen gleichzeitig der Richter.

All diese Fakten sollten eigentlich in der Schule gelehrt werden, aber da der Staat unter anderem auch seine Angestellten und Beamten finanziert, wird er den Teufel tun, auf sein eigentlich unlauteres Gebaren aufmerksam zu machen.

REICHTUM IST KOPFSACHE!

Reichtum und Wohlstand sind nur dort anzutreffen, wo ein Mensch beginnt, seinen eigenen Verstand zu gebrauchen und wo er aktiv seine finanzielle Intelligenz einsetzt. Fangen Sie deshalb noch heute an, wohlhabende Leute zu analysieren und scharf zu beobachten! Hören Sie zu, was sie zu sagen haben! Und messen Sie den Aussagen einer Person, die sich mit 3 % Zinsen zufrieden gibt, nicht allzu hohe Bedeutung bei. Sie *kann* Ihnen keine guten Ratschläge geben.

Beobachten Sie ab heute dagegen Herrn Reich schärfer. Wo und wie legt er sein Geld an? Welchen Fakten schenkt er Aufmerksamkeit? Wo kauft er ein? Reichtum ist reine Kopfsache! Menschen, die geschickt einkaufen, sind außerdem hartnäckig. Wenn sie etwas preiswert erstehen wollen, schreckt Sie auch ein *Nein* oder sogar mehrere *Neins* nicht ab, denn eines Tages werden sie ihre Preisvorstellungen realisieren können und ein *Ja* hören. Sie bleiben am Ball und erzielen schließlich Ihren Wunschpreis.

Sie glauben nicht alles, was ihnen im Fernsehen oder in der Boulevardpresse präsentiert wird. Sie verfügen in Finanzfragen über ein eigenes stabiles, intellektuelles Gerüst.

Fragen Sie sich weiter: Wie gelingt es Herrn Reich, trotz aller Widrigkeiten, so etwas wie Wohlstand zu erreichen? Wie schafft er es?

Noch einmal, die Goldfrage lautet: Wie gehen diese 0,1 % der finanziellen Intelligenz mit Geld um?

Wenn Sie einmal soweit sind, persönlich genaue Beobachtungen anzustellen, werden Sie erkennen, dass Sie sich auf dem richtigen Dampfer befinden. Ihr Weltbild wird sich nach einer Weile drastisch ändern.

Und: Sie werden niemandem mehr Ihr Ohr leihen, der beispielsweise auf die Gesetzliche Rentenversicherung setzt – ein Thema, das uns noch eine paar Zeilen wert sein soll, denn erneut handelt es sich hierbei um einen echten Wirtschaftskrimi.

DIE FALLSTRICKE DER GESETZLICHEN RENTENVERSICHERUNG

In der Generation unserer Eltern haben sich die meisten aufgrund der Gesetzlichen Rentenversicherung hervorragend finanziell abgesichert gefühlt. Uns klingt noch der Spruch von Arbeitsminister Norbert Blüm in den Ohren: »Die Renten sind sicher!«

Sicher vielleicht, aber sind sie auch so hoch, wie sie sein könnten?

Nun, holen wir auch in diesem Zusammenhang ein Stück Ausbildung nach:

Kaum eine andere finanzielle Rechnung steht auf so wackligen Beinen wie die Gesetzliche Rentenversicherung. Vergessen wird gerne, dass es sich bei dieser »Rente« nicht um eine Garantiesumme handelt, die eines Tages ausgezahlt werden wird. Der Rentner ist völlig davon abhängig, ob weiter kräftig in die Gesetzliche Rentenversicherungen eingezahlt wird. Er erhält ja nicht etwa sein Geld zurück, das er früher eingezahlt hat – das ist längst ausgegeben –, er erhält seine Rente nur dann, wenn die nachwachsenden Generationen fleißig einzahlen. Er lebt von den »Jungen«, es handelt sich schlicht um einen »Generationenvertrag«, wie das so edel genannt wird. Die »sichere Rente« ist nichts als eine hübsche Illusion, ein Märchen, eine Seifenblase – und zwar aus mindestens fünf Gründen:

1. Da die Menschen in Deutschland immer älter werden, sind immer mehr Gelder notwendig, damit die GRV überhaupt funktionieren kann. Woher sollen jedoch diese zusätzlichen Gelder kommen? Vom Staat? Natürlich nicht! Das bedeutet nur, dass Sie als Beitragzahler insgesamt länger arbeiten müssen und schlussendlich weniger und weniger erhalten. Die aktuelle Entwicklung beweist dies ja längst.
2. Gleichzeitig sinkt die Geburtenrate in Deutschland. Immer weniger Beitragszahler müssen also immer mehr Rentner finanzieren. Wie soll das rechnerisch auf Dauer funktionieren? Soll in ein paar Jahrzehnten *ein* junger Arbeitnehmer *drei* Rentner finanzieren?

3. Nach wie vor ist die Arbeitslosigkeit ein Problem. Nur Menschen, die in Lohn und Brot stehen, zahlen in die staatliche Rentenkasse ein. Eine hohe Arbeitslosigkeit hat jedoch zur Folge, dass sich die Kassen leeren. Woher sollen auch in diesem Fall die zusätzlich notwendigen Gelder kommen? Erneut erkennen wir, wie hohl das System ist.
4. Regelmäßig werden die Rentenkassen auch für andere Ausgaben missbraucht. Ein Skandal.
5. Rechnen Sie nun noch die Inflation hinzu, im Zinseszinsverfahren, und Sie ersehen sehr schnell, wie töricht es ist, auf die Gesetzliche Rentenversicherung zu bauen.

Experten schätzen, dass bis zum Jahr 2030 die Renten auf etwa 60 bis 70 Prozent abgesenkt werden – im Vergleich zu dem Niveau des Jahres 2013. Bereits in den vergangenen Jahren wurden die Beiträge ständig erhöht und die Lebensarbeitszeit verlängert. Das Geschäft nimmt sich für den Einzelnen also immer schlechter aus. Den Senioren steht immer weniger Geld zur Verfügung, während die Junioren immer höhere Verpflichtungen drücken, die Abgabenlast wird ständig dramatischer. Natürlich wird die Rechnung von Politikern gerne aufgehübscht und das Problem kleingeredet. Aber die Fakten und Zahlen sprechen ihre eigene Sprache.

Wenn ich Ihnen einen guten Rat geben darf: Bauen Sie nicht auf die Gesetzliche Rentenversicherung, es handelt sich hierbei um ein Modell, bei dem die Anforderungen (= Beitragszahlungen) ständig nach oben geschraubt werden, während die Leistungen (= die Rente am Schluss) immer niedriger ausfallen.

Schlechtere Geschäfte können Sie kaum machen. Ich glaube, dass die Beitragszahler systematisch betrogen werden und dass die Seifenblase, die sich »Gesetzliche Rentenversicherung« nennt, eines Tages sogar platzen wird.

Anbei ein authentisches Beispiel, das ich persönlich genau so nachvollziehen und verfolgen konnte.

DER HERR DIPLOM-INGENIEUR

Ein gewisser Herr Dr. Dipl.-Ing. versäumt es nie, auf seine Cleverness und Überlegenheit in finanziellen Dingen hinzuweisen. Einmal prahlte er, wie gut er doch vorgesorgt habe. Er hatte tatsächlich zu der Gesetzlichen Rentenversicherung gleich noch mehrere private Rentenversicherungen abgeschlossen, mit hohen Zahlbeiträgen. Die Folgen der Inflation waren ihm jedoch fremd. Er nannte mir lediglich selbstgefällig die genauen Summen, die er eines Tages erhalten würde, um mich ordentlich zu beeindrucken.

Als ich ihm ansatzweise von meinen Immobilieninvestments berichtete, winkte er nur hochmütig ab.

Tatsächlich handelt es sich bei meinem Herrn Dr. Dipl.-Ing. um einen neunmalklugen Zeitgenossen, der grundsätzlich alles besser weiß. Seine »Methode«, andere von seiner Intelligenz zu überzeugen, besteht darin, regelmäßig ein Fremdwort in die Unterhaltung einzustreuen, das niemand kennt. So ist man gezwungen, nachzufragen, wenn man seine Ausführungen nachvollziehen will. Dann zieht er kräftig die Luft durch die Nasenlöcher, hebt die Augenbrauen, lächelt überlegen und fühlt sich bemüßigt, gnädig eben dieses Fremdwort genauer zu erklären.

Grundsätzlich lässt er keine Gelegenheit aus, andere von seiner schneidenden Intelligenz zu überzeugen. Als ich ihm also zumindest über einen Bruchteil meiner Immobilieninvestments aufklärte, lächelte er auch in diesem Fall nur hochmütig und legte mir das Bild eines Einfamilienhauses vor. Er knallte es vor mich hin, wie in dem Werbespot, wo sich zwei Großkotze wechselseitig zu übertrumpfen suchen. Sie wissen schon: »Mein Haus, mein Boot, mein …« Er hörte nicht auf, süffisant zu lächeln und strahlte wie ein Honigkuchenpferd. Dann weihte er mich in sein »großes Geheimnis« ein. Er erzählte mir, wie viel dieses Einfamilienhaus angeblich wert war. Natürlich hatte er es zu 90 % auf Pump gekauft und einen überhöhten Preis dafür bezahlt. Außerdem gehörte es nicht nur ihm allein, er besaß es zusammen mit seiner Freundin. Auf dem Grundstück befanden sich ein Einfamilienhaus, eine Garage mit einer Einliegerwohnung und ein Gartenhaus. Diese Details nahm er zum Anlass, mir zu erzählen, dass er eigentlich ja gleich »drei« Häuser gekauft habe …

Weiter berichtete er mir von seinen bedeutungsvollen Aufgaben innerhalb seiner Firma. Er nannte mir sogar die Höhe seines Gehaltes, das er monatlich als Angestellter bezog. Er verriet mir weiter die Höhe des Kaufpreises seines Einfamilienhauses, das er selbst als »smartes Investment« bezeichnete. Selbst über die Einbauküche für 13.000 € berichtete er stolz, obwohl es sich um eine völlig unnötige Ausgabe handelte – gebraucht, aber trotzdem in hervorragenden Zustand, kann man so etwas leicht für 3.000 € einkaufen. Weiter hatte er einen sündhaft teuren Zaun errichten lassen, »damit der Hund nicht wegläuft!«

Schließlich, um mich völlig mundtot zu machen, berichtete er mir auch noch, dass er in seiner Firma die rechte Hand des Chefs war.

Nun, soweit das Geprahle. Hartnäckig fragte ich nach. Die volle Wahrheit bestand darin, dass seine »Firma« lediglich aus drei Mitarbeitern bestand. In einem solchen Fall ist es leicht, »die rechte Hand des Chefs« zu sein. Aber es kam noch dicker. Als ich meinen Dr. Dipl.-Ing. nach einiger Zeit wieder traf, war ihm aus »betrieblichen Gründen« gekündigt worden. Er fiel zunächst also einmal in ein tiefes Loch. Die Raten seiner privaten Rentenversicherungen musste er jedoch weiter zahlen. Sein Einfamilienhaus fraß außerdem nur Geld auf, es brachte ihm keinen einzigen Cent ein, es handelte sich um das dümmste aller

Investments. Dabei hatte er noch Glück, das ihn nicht gleichzeitig seine Freundin von der Bettkante stieß. Erst nach geraumer Zeit fand er wieder einen neuen Job, einen Angestellten-Job natürlich, nachdem er eine Weile barfuß durch die Hölle gewandert war. Aber noch immer bestehen alle seine »Investments« nur aus Zahlungsverpflichtungen, der Herr Doktor Diplom-Ingenieur hat nichts, aber auch gar nichts gelernt.

DIE RICHTIGE AUSBILDUNG

Nun handelt es sich bei unserem Dippelinsch zwar um einen kleinen Prahlhans, aber er ist trotzdem grundsätzlich kein übler Geselle. Ja, er schneidet gerne auf und rückt sich in den Mittelpunkt des Geschehens, was man ihm aber großherzig nachsehen mag. Wichtiger ist der Umstand, dass er ein Musterbeispiel dafür ist, wie man es eben *nicht* macht. Er stellt sich gewissermaßen ständig selbst ein Bein. Und so purzelte er von einer Fallgrube in die nächste, die er jedoch alle selbst ausgehoben hat. Er verzichtet darauf, trotz seiner Bildung oder vielleicht wegen seiner Bildung, seinen eigenen Verstand zu gebrauchen und selbst nachzurechnen. Und so nimmt es nicht Wunder, dass er auf die Nase fiel und auch eine bessere finanzielle Zukunft noch immer nicht in Sicht ist.

Dabei müsste er nur die vier Grundrechenarten beherrschen, was ihm als Dipl.-Ing. leichtfallen sollte, und einmal selbst kalkulieren, welche Konsequenzen bestimmte Investments nach sich ziehen. Welche Investments sind klug und welche nicht? Bei aller fachlichen Qualifikation, die man einem Diplomingenieur natürlich nicht absprechen kann, ist er, was finanzielle Intelligenz angeht, ein Tor – wie so viele.

Und so sehen wir sehr schnell, dass der Knackpunkt, wenn man finanziell auf die Beine kommen will, zunächst darin besteht, Informationen zu hinterfragen und neue, bessere, zuverlässigere

Informationsquellen aufzutun. Danach gilt es, selbst diese zuverlässigeren Quellen zu gewichten, für sich persönlich auszuwerten und seine Schlüsse daraus zu ziehen. Was aber bedeutet das im Klartext?

GUTE INFORMATIONSQUELLEN

Nun es bedeutet, dass Sie vollständig umdenken müssen. Sie dürfen dem Palaver, das in der öffentlichen Arena zu hören ist, keinen Glauben mehr schenken. Sie werden vollgelogen und mit falschen Informationen vollgestopft. Es empfiehlt sich also, neue Informationsquellen aufzutun.

Aber was sind vernünftige, zuverlässige Informationsquellen?

Die beste Quelle ist natürlich eine Person, die deutlich wohlhabender ist als Sie. Falls Sie eine solche Person kennen, versuchen Sie, sich diese als Mentor aufzubauen. Es ist kein Fehler, einen möglichen Mentor über Facebook, Xing & Co. zu finden, anzuschreiben und einen Kontakt aufzubauen. Von Bedeutung ist es, die Bereitschaft zu entwickeln, im Falle eines Falles auch einmal ein paar Kilometer weit zu fahren, um einen solchen Mentor persönlich kennenzulernen oder ein paar hundert Kilometer weit zu fliegen. Solche Kontakte lohnen sich immer und amortisieren sich langfristig gesehen. Halten Sie sich stets dies vor Augen: Reiche Menschen *müssen* selbstständig denken können, ansonsten wären sie nicht reich. Also müssen Sie über Wissen, Know-how und Informationen verfügen, die unsereiner normalerweise nicht besitzt.

Eine zweite ausgezeichnete Informationsquelle sind Bücher.

Weiter ist es nicht falsch, Zeitschriften zu konsultieren, die sich nur und ausschließlich mit Investmentmöglichkeiten beschäftigen. Behalten Sie jedoch im Hinterkopf, dass die Qualität verschiedener Zeitschriften höchst unterschiedlich ist. Selbst in guten Magazinen sind die Informationen manchmal gefärbt – aus welchen Gründen auch immer. Wenn mit Macht und aggressiv ein bestimmtes Investment beworben wird, sollten Sie hellhörig werden. Aber es gibt immer wieder gute Artikel, die zumindest Ihr Hintergrundwissen beträchtlich erweitern.

Grundsätzlich sollten Sie beginnen, sich für Aktien und Immobilien zu interessieren. Lesen Sie so viel darüber wie möglich, aber erkennen Sie frühzeitig, dass nicht alles Gold ist, was glänzt und als der Weisheit letzter Schluss verkauft wird. Auch auf dem Aktien- und dem Immobilienmarkt gibt es Betrüger, die speziell den Newcomer über den Tisch zu ziehen versuchen.

Sogar das viel geschmähte Internet können Sie befragen. Bestellen Sie Newsletter über Immobilien und Aktien und vergleichen Sie die Informationen. Prüfen Sie, welche Voraussagen eintreffen und welche nicht. Newsletter besitzen eine völlig unterschiedliche Qualität, einige taugen nichts, andere besitzen einen hohen Wert. Lernen Sie, unterschiedliche Qualitäten zu beurteilen. Diese Arbeit nimmt Ihnen niemand ab.

Von besonderer Bedeutung jedoch sind Seminare. Auch wenn solche Seminare oft sehr teuer sind, machen sie sich in der Regel bezahlt. Hier erhalten Sie nicht nur Informationen, die Sie ansonsten an keiner anderen Stelle finden und an die man normalerweise nicht herankommt, sondern Sie werden auch mit einem generellen Wissen versorgt, das sich bei Ihren späteren Investments vielfach bezahlt macht.

Lediglich eine Einschränkung gilt: Ich kenne Zeitgenossen, die pausenlos und ununterbrochen Seminare besuchen und ein Heidengeld dafür ausgeben. Sie unternehmen jedoch in der Folge nichts und wenden die neuen Daten und Informationen nicht an. Seminare sind für Sie eine Form des Selbstzweckes oder eine Art Hobby. Davon sollten Sie Abstand nehmen.

Aber von dieser Einschränkung abgesehen sind Seminare höchst wertvoll. Ich stünde heute nicht dort, wo ich stehe, ohne diese Spezialseminare in Sachen Finanzen.

Soweit so gut! Damit verfügen Sie bereits über eine gewisse Ausbildung sowie über eine kleine Liste von Empfehlungen, was Sie tun können, um der Falle der einseitigen Information zu entgehen und auszubrechen aus der finanziellen Sklaven-Philosophie, der fast alle anhängen und die an allen Ecken und Enden so wohlfeil zu haben ist. Eine uralte Erfolgsformel lautet: *Mach es anders als die anderen*. Verlassen Sie also alte, ausgetretene Pfade und suchen Sie nach neuen Wegen.

Realisieren Sie darüber hinaus, dass es keine einzige Informationsquelle gibt, die Ihnen alle notwendigen Daten auf dem Silbertablett serviert. Es gibt auch keine Person, der Sie nur brav wie ein Schaf nachzutrotten und zu folgen brauchen. Immer sollte *Ihr* Verstand und *Ihr* Urteil an erster Stelle stehen.

Hinzu kommt, dass sich im Laufe der Zeit Daten ändern können. Wir leben in einer schnelllebigen Zeit, und Daten, die heute noch das Gelbe vom Ei sind, können morgen schon veraltet sein.

Die Aktien- und die Immobilienmärkte sind momentan (mal wieder!) in einem Umbruch begriffen, was auf der anderen Seite jedoch auch enorme Chancen in sich birgt. Trotzdem bleiben die Grundlagen immer gleich, man muss also nicht das Rad jedes Mal neu erfinden. Sobald Sie über ein intellektuelles Gerüst verfügen, was vernünftige, lohnende Anlagen angeht, lassen sich neue Daten und Informationen sehr viel leichter und schneller einordnen. Dieses Gerüst können nur Sie selbst erstellen, niemand kann Ihnen das abnehmen.

Von erstrangiger Bedeutung bei dieser Unternehmung ist der richtige *Mindset*. Dieses Thema soll uns ein eigenes Kapitel

wert sein, denn er ist der Schlüssel zu allem, er ist das Abrakadabra, mit dem Sie die Höhle, in dem der Schatz verborgen liegt,
öffnen können.

Kapitel 3
DER RICHTIGE MINDSET

Definieren wir zunächst das Modewort »Mindset« in aller Kürze, denn der Begriff allein versorgt uns bereits mit einigen Erkenntnissen. »Mindset« bedeutet sehr einfach so viel wie *Denkweise, Einstellung* oder *Mentalität. Denkart* und *geistige Haltung* wären ebenfalls gute Übersetzungen.

In diesem Kapitel darf ich Ihnen den »Mindset« von zahlreichen Millionären oder sehr wohlhabenden Leuten vorstellen. Er ist mir immer wieder begegnet und verrät viel über finanzielle Intelligenz. Mit anderen Worten: Wenn Sie sich dieses Mindsets bedienen, steigen Ihre Erfolgschancen, ebenfalls (erfolg)reich zu werden.

Das vorliegende Kapitel ist also aufregend, bei dem Thema *Mindset* handelt es sich um ein hoch spannendes Thema. Ich habe die einzelnen Erkenntnisse in zehn »Mindset-Gesetzen« festgehalten.

Manchmal wird Mindset sogar als *Weltanschauung* oder *Lebensphilosophie* definiert, was einen weitaus größeren Denkrahmen umfasst. Viele Menschen sind sich jedoch ihres eigenen Mindsets nicht bewusst. Sie akzeptieren Urteile, Vorurteile, Anschauungen und Ansichten ihrer Umwelt meist unbesehen – und können auf diese Weise eigentlich nur scheitern, denn die »Menge« hat selten Recht, wenn sie Umstände beurteilt, sie liegt meist haarscharf oder auch vollständig daneben.

Never follow the crowd! – Folge niemals der Menge! – lautet deshalb eine uralte Erfolgsformel.

Längst wurde darüber hinaus vonseiten der Wissenschaft festgestellt, dass eine Person, die neue Mindsets zulassen kann, die also aktiv ihr »Denken« oder ihre »Lebensphilosophie« zu ändern vermag, sehr viel größere Chancen auf Erfolg hat als ein Zeitgenosse, der über einen »fixed mindset« verfügt, wie das in der Literatur genannt worden ist, sprich über eine Philosophie und über Einstellungen, an denen man nicht mehr rütteln kann.

Wodurch also zeichnet sich der Mindset von Menschen aus, die finanziell erfolgreich sind?

MINDSET-GESETZ Nr. 1

Das erste Mindset-Gesetz habe ich bereits angedeutet. Herr Reich verfügt über die Fähigkeit, falsche Glaubenssätze über Geld, die ihm zum Beispiel in der Kindheit eingetrichtert worden sind, ohne Weiteres beiseite zu schieben und sie durch neue Ansichten zu ersetzen.

Herr Arm ist dazu nicht in der Lage.

Einer dieser falschen Glaubenssätze lautet beispielsweise, dass das Bestreben, über genug Geld oder sogar sehr viel Geld zu verfügen, im Grunde genommen nicht erstrebenswert sei.

Kürzlich besuchte ich eine gute Freundin, die das perfekte Beispiel für diese Einstellung abgibt. Ich unterhielt mich mit ihr über das Thema Reichtum, und sie teilte mir mit ernstestem Gesicht mit, dass es überhaupt nicht erstrebenswert sei, reich zu werden. Reiche Menschen, so meinte sie, müssten ständig in Angst leben, ihr Geld wieder zu verlieren. Sie könnten weiter erpresst werden. Darüber hinaus würde man nur Neider auf den Plan rufen, wenn man über einen prall gefüllten Geldbeutel verfügt. Reiche Menschen seien darüber hinaus ständig nur mit ihrer Arbeit beschäftigt und würden über wenig Zeit für private Unternehmungen verfügen. Kurz und gut, Geld sei per se schlecht ...

Sie verstehen? Wenn man einen solchen Mindset kultiviert, *kann* man natürlich nur scheitern. Man wird nie auf einen grünen Zweig kommen. Eine solche Person arbeitet unbewusst hart daran, arm zu bleiben.

Meine Freundin, die ansonsten über zahlreiche andere Talente verfügt, konnte jedenfalls nicht einsehen, dass ein wohlhabender Mann über sehr viel *mehr* Zeit verfügt als ein armer Schlucker, der sich vielleicht ständig darum sorgen muss, ob er am nächsten Tag etwas zu beißen hat. Und auch ihre anderen Schlüsse und (Vor-)Urteile waren falsch. Aber sie vermochte nicht über ihren eigenen Schatten zu springen. Eine *fixed idea*, eine *idée fixe*, stand ihr im Wege.

Während Reichtum ohne Fragen auch seine Schattenseiten und seine Fallgruben besitzt – wer könnte das leugnen? – hat er jedoch objektiv betrachtet so viele Vorteile, dass man sie kaum alle aufzählen kann. Trotzdem arbeiten einige Zeitgenossen hart und hingebungsvoll und fast mit masochistischer Lust daran, ein minder gutes Leben zu führen, manchmal sogar ein Leben in Armut. Sie bemerken nicht, dass sie sich sozusagen *selbst* ein Bein stellen. Und sie sehen nicht, dass sie *selbst* die einzige Quelle sind, die sie daran hindert, es je zu etwas zu bringen.

Das Mindset-Gesetz Nr. 1 lautet also:

Gewinner sind geistig beweglich, sie verfügen über die Fähigkeit, selbst lieb gewordene, alte Ansichten und »Glaubensvorstellungen« über Bord werfen zu können.

»Nur wer sich ändert, bleibt sich treu!«, dichtete schon Wolf Biermann, der deutsche Barde. Interessanterweise kann man bei zahlreichen Millionären beobachten, dass sie manchmal innerhalb kürzester Zeit völlig andere Meinungen vertreten als zuvor. Das ist nicht etwa auf die Unbeständigkeit ihres Charakters zurückzuführen, sondern auf ihre Fähigkeit, rasch zu lernen und alte Ansichten, so nötig, zu entsorgen und neue Einsichten zuzulassen.

Das gilt auch für das Thema *Geld.* Sitzen Sie nie dem Trugschluss auf, dass Reichtum von Haus aus schlecht und Money böse sei. Reiche Leute hängen naturgemäß immer dieser Philosophie an: *Geld ist geil!*

Ändern Sie also als Erstes Ihre Ansichten über den (Stellen-) Wert des Geldes. Und seien Sie darüber hinaus grundsätzlich für *Änderungen* offen, wenn es die Fakten einfordern.

MINDSET-GESETZ Nr. 2

Tatsächlich verfügt jeder von uns über die Möglichkeit, wohlhabend zu werden.

Jeder! Hierzu gibt es nebenbei bemerkt eine kleine, sehr hübsche Übung, die Sie spaßeshalber einmal ausführen sollten. Greifen Sie sich dazu einfach ein leeres Blatt Papier, ja jetzt, nachdem Sie gerade diese Zeile gelesen haben, und überlegen Sie sich nun, was Ihr ganz persönliches Ziel ist, in finanzieller Hinsicht. Was ist Ihre Idealvorstellung?

Schreiben Sie nun alle Argumente auf dieses Blatt Papier, die dagegen sprechen, genau dieses Ziel zu erreichen. Nehmen Sie sich dafür ruhig ein paar Minuten Zeit. Schreiben Sie also konkret auf, warum Ihr Ziel utopisch ist und warum Sie Ihren (finanziellen) Traum niemals und nie wahr machen können.

Lesen Sie sich danach noch einmal alle Ihre Gegenargumente durch.

Um Sie zu überzeugen, wie wichtig diese Übung ist, lasse ich hier eine gerahmte Seite frei und unbeschrieben, damit Sie auch tatsächlich dieses Exerzitium durchführen.

Nun, haben Sie alle Gegenargumente aufgelistet?

Waren Sie ehrlich zu sich selbst?

Hervorragend! Nachdem sie also alle Einwände noch einmal sorgfältig durchgelesen haben, kommt jetzt der interessante Teil: Zerreißen Sie diesen Zettel, Ihr Blatt Papier mit den Gegenargumenten! Zerreißen Sie es in viele kleine Schnipsel! Werfen Sie nun die Schnipsel hoch in die Luft!

Und erkennen Sie dies: Gegenargumente sind nichts als kleine Papierfetzen, die im Grunde genommen Schall und Rauch sind und die Sie leicht, *leicht,* zum Verschwinden bringen können. Sie können Sie zerreißen und in Nichts auflösen!

Haben Sie diese kleine Übung ausgeführt? Wenn ja … herzlichen Glückwunsch!

Sie haben sich damit selbst bewiesen, wie einfach es im Prinzip ist, den gesamten Unsinn, Schrott und all die falschen Annahmen, die Ihnen im Kopf herumschwirren, zu vernichten. Man kann alle Gründe, warum etwas scheinbar »nicht geht«, einfach in den Papierkorb werfen und sich davon verabschieden.

Schieben Sie genau auf diese Art und Weise jetzt alle Ihre negativen Gedanken beiseite, was Ihr (finanzielles) Ziel angeht, gleichgültig, ob sie sich logisch anhören oder nicht, gleichgültig, ob Sie sie ausgebrütet haben oder sie Ihnen von anderen, von dritter Seite, eingeflüstert worden sind. Realisieren Sie, dass Gedanken Macht besitzen, sehr konkrete Macht! Also lautet

Mindset-Gesetz Nr. 2:

Gedanken besitzen Macht.

Negative Gedanken zeitigen negative Ergebnisse, positive Gedanken bringen positive Ergebnisse hervor.

Man kann negative Gedanken einfach beiseiteschieben.

Gewinner lassen nur positive Einstellungen zu.

Der Zeitgenosse, der genau diese Erkenntnis anwendet und einem entsprechenden Mindset den Vorzug gibt, kennt nebenbei bemerkt nie »Probleme«. Es existieren für ihn lediglich »Herausforderungen«.

Das Wort »Problem« sollten Sie also ebenfalls ersatzlos aus Ihrem Vokabular streichen. Ersetzen Sie es durch »Herausforderungen« – und schon befinden Sie sich auf dem richtigen Dampfer, schon verfügen Sie über den richtigen Mindset.

Meiden Sie überdies wie der Teufel das Weihwasser Zeitgenossen, die alles madig machen, über jeden schlecht reden und von Haus aus Pessimisten sind. Mit diesen Figuren können Sie keinen Blumentopf gewinnen. Umgeben Sie sich also mit Menschen, die positiv und abenteuerlustig sind, die nicht alles von vornherein abschmettern, die neue Möglichkeiten zulassen und von Haus aus Optimisten sind.

Umgekehrt gilt: Wenn Sie jemand davon abhalten will, Erfolg zu haben, verbannen Sie ihn einfach aus Ihrem Freundeskreis und suchen Sie sich neue Kontakte.

Hier ein authentisches Beispiel: In meinem Leben gab es einen Banker, der nach jeder Immobilienfinanzierung, die er mit mir durchzog, immer und immer wieder sagte: »Herr Käselow, bitte kommen Sie nicht so schnell wieder, um das nächste Objekt zu finanzieren!«

Eigentlich unvorstellbar! Ich brachte der Bank doch Geschäfte und Geld ins Haus! Es handelte sich um einen «Stopper»! Hätte ich auf ihn gehört, stünde ich heute nicht dort, wo ich inzwischen stehe und wäre sicher um einige Immobilien ärmer!

Aus allen Richtungen mögen also »gute Freunde« oder »Profis« auf Sie einzureden versuchen. Lediglich auf einen erfahrenen Money-Coach sollten Sie hören – ein Kapitel, das wir später noch ausführlicher behandeln werden. Aber ansonsten schießen Sie jeden negativ gepolten Zeitgenossen einfach auf den Mond. Und Ihre eigenen negativen Gedanken gleich mit dazu. Genau dort gehören sie nämlich hin!

MINDSET-GESETZ Nr. 3

Grundsätzlich gilt: Viele Wege führen nach Rom, es gibt nicht nur einen einzigen Weg, um sein Ziel zu erreichen und wohlhabend zu werden. Erfolgreiche Menschen fassen immer mehrere Wege ins Auge. Sie denken nicht eindimensional, nicht einspurig und glauben nie, dass es nur einen einzigen schmalen, goldenen Pfad gibt. Sobald sie einmal den Entschluss gefasst haben, ein bestimmtes Ziel zu erreichen, gibt es für sie nicht nur die eine Eisenbahnschiene, die sie von Nürnberg nach Fürth bringen kann. (Auf dieser Strecke fuhr 1835 die erste mit Dampf betriebene deutsche Eisenbahn.) Sie fragen sich vielmehr, welche verschiedenen Wege existieren.

Man könnte diese Methode auch die WIE-Strategie nennen, anstelle der OB-Strategie. Sie fragen sich also nicht, OB sie eine erfolgsversprechende Unternehmung in Szene setzen sollten, sondern WIE der Spaß funktionieren könnte. Sie überlegen sich mithin zahlreiche Wege, wie sie ihren Beschluss durchzusetzen vermögen.

Eine Grafik vermag diese Vorgehensweise am besten zu veranschaulichen.

Die »Wie?«-Strategie

Herr Arm:
»kennt nur einen einzigen Weg und gibt auf, wenn dieser Weg nicht zum Ziel führt«

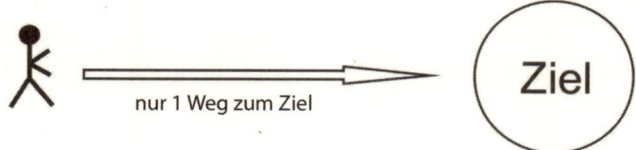

nur 1 Weg zum Ziel

Herr Reich:
»Weiß, dass es immer viele Wege gibt und stellt sich immer die Frage: ›Wie erreiche ich dieses Ziel?‹«

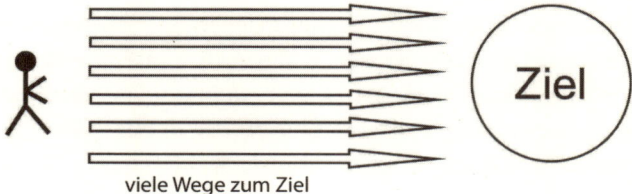

viele Wege zum Ziel

Wenn Sie also ein Ziel/einen Traum haben, dann machen Sie sich vor allem Gedanken. Vermutlich kann man alles erreichen, was man sich vorgenommen hat, sofern man nicht eine 18-jährige Jüdin ist, die mit 19 Jahren Papst werden will. Das einzige Hindernis, das existiert, ist der eigene Kopf. Wenn also Gedanken auftauchen, die Ihnen zu suggerieren versuchen, dass etwas absolut nicht geht, so sind diese Gedanken nur in Ihrem eigenen Kopf ausgebrütet worden.

Der gefährlichste Feind, der existiert, befindet sich immer im eigenen Lager.

In gewissem Sinne sind die meisten Menschen die Sklaven ihrer Gedanken. Sie schwingen sich nicht zu dem Herrn über sie auf! In dem Augenblick jedoch, da man genau diesen Mechanismus erkannt hat, kann man ihn aushebeln und sich plötzlich zum Gebieter der eigenen Gedanken ausrufen! Der Trick besteht also darin, sich sofort und unmittelbar auf das WIE zu konzentrieren, wenn man einmal ein Ziel ins Auge gefasst hat.

Bemühen wir ein authentisches Beispiel, das mich immer wieder sprachlos macht: Mein (mit Mammon gesegneter) guter Freund Gerald Hörhan, der durch den Bestseller »Investment Punk« bekannt wurde, verdient einen Großteil seines Geldes nur mit der WIE-Strategie. Er sucht sich mit spitzer Pinzette aus dem Pool der existierenden Unternehmen jene heraus, die gerade in Not geraten sind, aber trotzdem Potenzial besitzen. Daraufhin bietet er den Firmeninhabern seine Hilfe an, er verspricht ihnen, sie aus dem Schlamassel herauszuziehen und ihre Unternehmen wieder auf Vordermann zu bringen. In der Folge lässt er sich dafür entweder fürstlich bezahlen oder er bietet eben diesen Firmen statt einer einmaligen Zahlung an, ihn an dem Unternehmen zu beteiligen.

Wie geht er dabei vor? Verfügt er haufenweise über Banker, die so viel Geld wie Dagobert Duck besitzen und es über die in Not geratenen Firmen einfach ausschütten? Eben nicht! Er untersucht zunächst in aller Ruhe das Unternehmen, das in eine Schieflage geraten ist. Danach definiert er die Schwachstellen. Und für diese Schwachstellen werden *verschiedene* Lösungswege überlegt. Er geht nie nach Schema F vor, bietet keine Beratung von der Stange. Er ist das genaue Gegenteil von einem Roboter, der alles nur auf eine einzige »richtige« Art und Weise erledigen kann. Er benutzt kreative Intelligenz, um neue Wege aufzutun. Natürlich setzt er in der Folge auch seine hervorragenden Kontakte ein, aber der Unterschied zu vielen anderen Unternehmensberatern besteht darin, dass er nicht daran glaubt, es gebe nur eine einzige Lösung, die immer und in allen Fällen schon von vornherein feststeht.

Einige Unternehmensberater wissen schon von Beginn an, dass zum Beispiel 50 % aller Angestellten entlassen werden müssen, um den Kahn wieder flott zu kriegen. Hörhan dagegen denkt »out of the box«, wie das der Amerikaner nennt. Er beweist damit, dass es so etwas wie kreative Intelligenz gibt, die beinhaltet, dass man völlig neue Wege beschreiten kann.

Genau hieran erkennen Sie den Unterschied zwischen arm und reich. Herr Reich hat immer mehrere Lösungswege parat. Herr Arm verbeißt sich in eine einzige Lösung.

Herr Reich stellt sich die Wie-Frage: »Wie erreiche ich mein Ziel? Manchmal fragt er auch andere kompetente Zeitgenossen, *wie* man etwas in die Wege leiten und in Szene setzen könnte. Aber grundsätzlich gilt dieses

Mindset-Gesetz Nr. 3:

Viele verschiedene Wege führen nach Rom.

Die OB-Strategie ist die Strategie des Verlierers, die WIE-Strategie ist die Strategie des Gewinners.

Bemühen wir noch ein weiteres Beispiel, das diesen Mindset illustriert.

BERND

Einer meiner älteren Freunde, nennen wir ihn Bernd, ist von Haus aus ein selbstständiger Versicherungsvertreter. Dennoch steht Bernd nie Geld zur Verfügung, er beklagt sich im Gegenteil ständig darüber, wie sehr ihn das Schicksal beutelt. Dabei beweist schon ein oberflächlicher Blick, ohne dass man also seine Situation genau untersuchen müsste, dass er vieles falsch macht: Alleinstehend lebt er in einer teuren Zwei-Zimmer-Wohnung. Regelmäßig hat er mit Storni zu kämpfen, sprich oft muss er die volle Provision der Versicherungen, die er abgeschlossen hat, wieder zurückzahlen. Bei vielen Versicherungsprodukten haftet er sogar bis zu fünf Jahren für eventuelle Storni. Sein altes Auto frisst eine Unmenge Geld – allein die regelmäßigen Reparaturkosten lassen dem Betrachter die Haare zu Berge stehen. Dennoch zahlt er regelmäßig Miete für einen Garagenstellplatz. Zudem raucht er wie ein Schlot und geht regelmäßig 1x pro Woche fein aushäusig essen. Darüber hinaus spricht er als »Weinkenner« fleißig dem Alkohol zu, er ist der beste Kunde eines Weinhandels.

Um es kurz zu machen: Unnötige Ausgaben und der (wahrscheinlich) falsche Job rauben Bernd regelmäßig die Nerven.

Der springende Punkt ist: Auch Bernd besitzt die Möglichkeit, zu entscheiden, was er mit jedem Euro, der durch seine Hand wandert, anstellt. Er müsste sehr einfach sein Verhalten ändern, weniger ausgeben und sich einen besseren Job suchen.

GELEGENHEITEN NUTZEN

Die Gelegenheit, stellte einmal ein intelligenter Mensch fest, ist wie ein Pferd, das einem vor der Nase vorüberrennt und auf das man sehr schnell aufspringen muss. Manchmal besitzt man also wenig Zeit, um die richtige Entscheidung zu treffen. Ich erinnere mich an eine Immobilie, die einst direkt vor meiner Nase saß und mich anlächelte, auf die ich allerdings nicht zugreifen konnte: Mir fehlte das Geld. Aber alles stimmte: Die (Miet-)Einnahmen waren enorm, die Substanz taugte etwas, der Kaufpreis war niedrig. Ein Schnäppchen, ein Immobilien-Filetstückchen!

Ich überlegte mir die Gehirnwindungen wund, auf welchen Wegen das Filetstückchen auf meinem Teller landen könnte. Aber ich war zu dieser Zeit voll investiert und konnte und wollte kein weiteres Bargeld locker machen.

Just zu dieser Zeit lernte ich jedoch einen Investor kennen, der bislang nur im Ausland agiert hatte, aber dessen ausgesprochener Wunsch es war, auch in Deutschland tätig zu werden. Da wir uns gegenseitig sympathisch fanden und ich mich hierzulande gut auskannte, speziell was den günstigen Häuserkauf anging, beschlossen wir, einen Joint Venture zu gründen. Die Details: Mein ausländischer Geschäftspartner und heutiger Freund stellte das Eigenkapital zur Verfügung. Beide wurden wir zu je 50 % Eigentümer. Ich kümmerte mich im Gegenzug um die Abwicklung und um die Bewirtschaftung des Hauses. In der Folge kann mein Partner nach relativer kurzer Zeit aus den Immobilieneinnahmen nach und nach sein Eigenkapital wieder herausziehen. Und heute? Nun heute sind wir beide Eigentümer eines schicken Mehrfamilienhauses.

Ich benötigte also keinen einzigen Cent, um diesen Immobiliendeal über die Bühne gehen zu lassen.

Alles, was ich benötigte, war, nach mehreren Lösungsmöglichkeiten Ausschau zu halten.

EIN INVESTMENTGESCHÄFT IM ÜBERBLICK oder EINE SATTE VERZINSUNG

Betrachten wir ein solches Geschäft noch einmal genauer und unterfüttern wir es mit einigen Zahlen. Stellen Sie sich vor: Sie kaufen ein Mehrfamilienhaus mit fünf Wohnungen. 25.000 € Mieteinnahmen sind Ihnen damit sicher. Sie verfügen über 26.000 € Eigenkapital. Diese Summe setzen Sie für die Bezahlung der sogenannten »Kaufnebenkosten« ein. Die restlichen 100 % finanzieren Sie. In der Folge sieht die Rechnung so aus:

Kaufpreis des Mehrfamilienhauses	200.000,– €
Kaufnebenkosten (13 % für Makler, Steuer, Notar & Gericht)	26.000,– €

Ausgaben	
Kaufnebenkosten (13 % für Makler, Steuer, Notar & Gericht)	26.000,– €
Finanzierungskosten (4 % Zins + 2,5 % Tilgung)	13.000,– € p.a.
Kosten für Hausverwaltung, Instandhaltung & Mietausfall	6.500,– € p.a.
Ausgaben (Gesamt)	**19.500,– € p.a.**

Einnahmen	
Mieteinnahmen	25.000,– € p.a.
Einnahmen (Gesamt)	**25.000,– p.a.**

Cashflow bzw. Überschuss (Einnahmen – Ausgaben)	**5.500,– € p.a.**
Verzinsung der eingesetzten 26.000,– € Eigenkapital	**21,15 % p.a.**

Der Einfachheit halber habe ich steuerliche Aspekte in dieser Rechnung nicht berücksichtigt. Man erkennt an dieser Rechnung außerdem sehr schnell, dass eine Verzinsung zwischen 4 und 6 % wirklich kein gutes Geschäft ist. Genau genommen handelt es sich um eine beschämende Verzinsung! Weiter kann man an einer solchen Rechnung sehr rasch erkennen, dass 20 % Verzinsung des eigenen Kapitals durchaus nicht utopisch sind. Sie müssen lediglich ein wenig mit dem spitzen Bleistift rechnen können und müssen natürlich etwas von Immobilien verstehen.

Der Pessimist wird nun an dieser Stelle sofort einwenden, dass es solche Objekte nicht gibt, jedenfalls nicht zu diesem Preis und mit solchen Mieteinnahmen. Und er wird weiter einwenden, dass eine Bank ein Objekt, bei dem nur 26.000 € Eigenkapitel zur Verfügung stehen, nicht die gesamten restlichen Gelder finanziert. Nun, lassen Sie es sich gesagt sein, dass es solche Schnäppchen und solche Geschäfte eben doch gibt. Tatsächlich existieren sogar noch wesentliche bessere Immobilieninvestments! Dazu später mehr.

Aber der springende Punkt in unserem Zusammenhang besteht darin, dass ich damals eben nicht aufsteckte. Ich ließ mir die Immobilie nicht entgehen, aber ich wusste, ich musste nach neuen Wegen Ausschau halten.

Gehen wir trotzdem noch einmal einen Schritt zurück. In der obigen Rechnung ist nebenbei bemerkt sogar noch eine Tilgung von 2,5 % enthalten. Diese Tilgung kommt dem Investor also auch noch zugute! Man könnte durchaus auch eine andere, weit bessere Rechnung aufmachen. Man könnte von einer Verzinsung von 40,38 % sprechen. Weiter haben wir die (für den Investor nun umgekehrt positive) Inflation nicht eingerechnet. Und schließlich kann man aufgrund einer (zumindest momentan) hohen Nachfrage sogar noch mit einer Wertsteigerung dieser Immobilie rechnen. All diese positiven Umstände habe ich in dieser Rechnung also nicht einmal berücksichtigt!

Schließlich könnte man theoretisch und praktisch die erwirtschafteten 5.500 € dazu nutzen, nach relativ kurzer Zeit eine weitere gute Immobilie einzukaufen …

Erkennen Sie die ungeheuerlichen Perspektiven?

Aber bleiben wir beim Thema: Kennen Sie Zeitgenossen, die ständig jammern, weil ihnen ein gutes Geschäft durch die Lappen gegangen ist? Nun, die Wahrheit ist, dass sie sehr einfach nicht nach *genügend Wegen* Ausschau gehalten haben. Ihr Mindset stimmt nicht. Sie wissen nicht, dass viele Wege nach

Rom führen. Sie versäumen es, eine Situation aus einer anderen Perspektive zu betrachten oder durch eine andere Brille zu sehen.

Die Tugend des Zuhörens und die Fähigkeit, die Ohren spitzen zu können, ist dabei wichtiger als den eigenen Schnabel zu wetzen.

MINDSET-GESETZ Nr. 4

Beobachtet man systematisch finanziell erfolgreiche Zeitgenossen über viele Jahre, so fällt außerdem auf, dass sie über ein außerordentliches Durchhaltevermögen verfügen.

»Nur die Hartnäckigen gewinnen die Schlachten!«, urteilte schon Napoleon. Obwohl es viele mögliche Pfade gibt, die zum Ziel führen, wird das ursprüngliche Ziel nie aus den Augen verloren. Gewinnertypen geben nicht auf.

Sie wissen außerdem um das Gesetz der großen Zahl.

Ich lernte dieses Gesetz schon früh kennen, und zwar als ich die Stromprodukte verkaufte und dabei systematisch Türen abklappen musste – einer der härtesten Jobs, den man sich vorstellen kann. Genau dies passierte: Als ich bei fremden Menschen klingelte, meist in Hochhäusern, um dort mein Verkaufssprüchlein aufzusagen, schlugen mir die meisten stets die Tür vor der Nase zu. Sie waren also an meinem Produkt nicht im Geringsten interessiert. Früh lernte ich deshalb dieses Gesetz: Jedes »Nein« bringt dich näher zu dem nächsten »Ja«. Das bedeutete, je mehr Türen ich abklapperte, umso mehr konnte ich verkaufen. Ich musste nur möglichst schnell möglichst viele Türen abklappern, umso früher winkte mir der Erfolg. Ich wusste, wenn mir ein Zeitgenosse absagte, hatte ich nur noch wenige »Neins« vor mir, schon bald würde ich beim nächsten »Ja« landen.

Hier ein kleines Schaubild, welches das Prinzip illustriert:

Nein, Nein, Nein, Nein, Ja, Nein, Nein, Nein, Nein, Nein, Nein, Nein, Nein, Ja, Ja, Nein, Nein, Nein, Nein, Nein, Nein, Nein, Nein, Nein, Nein, Ja, Nein, Nein, Nein, Nein, Nein, Nein, Ja, Nein, …

Das also ist das Gesetz der großen Zahl.

Wenn man dieses Gesetz kennt, gibt man nie oder jedenfalls nicht mehr so schnell auf. Der weitere Vorteil: Es ist praktisch unmöglich, Sie zu demotivieren. Sie bleiben einfach so lange am Ball, bis sie Ihr Ziel erreicht haben. Wenn Sie das Gesetz der großen Zahl kennen, sind Sie allen anderen um die berühmte Nasenlänge voraus.

Das Mindset-Gesetz Nr. 4 lautet also:

Nur die Hartnäckigen gewinnen die Schlachten.

Je mehr »Neins« man erhält, umso mehr »Jas« sind die Folge.

Es ist ein aufregendes Gesetz, denn es öffnet die Tür auch dann zum Erfolg, wenn man zunächst an allen Ecken und Enden nur Absagen kassiert.

MINDSET-GESETZ Nr. 5

Auffällig ist weiter, dass sich finanziell erfolgreiche Menschen durch Höflichkeit und gute Manieren auszeichnen. Sie sind fast immer Meister guter, gradliniger Kommunikation, begrüßen Personen zuvorkommend, vergessen das kleine Wörtchen »Danke!« nicht, wenn es angebracht ist, und blicken geradewegs in die Augen ihres Gegenübers. Natürlich gibt es

Ausnahmen zu diesen Benimm-Regeln, nicht jeder beherrscht den Knigge.

Aber in einem Punkt gleichen sich beinah alle finanziell erfolgreichen Zeitgenossen:

Man kann sich auf ihr Wort verlassen, Sie sind zuverlässig, ja höchst zuverlässig.

Diese Beobachtung lehrte mich, ständig an mir selbst zu arbeiten. Heute bemühe ich mich, weit über das durchschnittliche Maß hinaus zuverlässig zu sein. Das betrifft in meinem Fall besonders Handwerker, Steuerberater, Banker und Geschäftspartner.

Bei Banken und Bankern erwarb ich mir damit früh einen guten Ruf. Einmal, erinnere ich mich, stellte mich ein Banker einer Kollegin so vor: »Sie werden sich wundern, aber Herr Käselow legt uns immer sehr schnell und ohne Verzögerung alle Unterlagen auf den Tisch, die wir für die Finanzierung benötigen. Wenn Sie sie heute anfordern, dann haben Sie sie morgen auf dem Tisch!«

Ein schönes Kompliment!

Vor einiger Zeit hatte ich mit einem Notar zu tun, dem ich alle notwendigen Informationen für einen Vertrag bereits übersandt hatte, die er für eine Beurkundung brauchte. Dennoch rief ich in der Folge noch einmal an, ob alles gut angekommen sei.

Hier hörte ich das Kompliment: »Wie immer ist alles vollständig, Herr Käselow. Anders kennen wir es von Ihnen auch nicht.«

Ich will mich damit nicht beweihräuchern, sondern mit diesen kleinen Beispielen nur darauf hinweisen, dass ich es mir bis heute stets angelegen sein lasse, gerade in geschäftlichen Belangen absolut vertrauenswürdig und immer höchst zuverlässig zu sein.

Auch die Handwerker arbeiten gerne für mich. Das Ergebnis? Wenn ich ihre Hilfe brauche, sind sie sofort zur Stelle. Sie lassen tatsächlich andere Arbeiten stehen und liegen, wenn ich etwas dringend benötige. Umgekehrt wissen sie: Wenn ihre Rechnung bei mir am 14. Juni eingeht, dann wird sie am 14. Juni bereits online von mir beglichen. Ferner wissen sie, dass ich ihnen bei neuen Aufträgen den Vorzug gebe und ich also auch *ihr* Wohl im Auge behalte.

Ich gehe sogar soweit, gute Steuerberater, kompetente Immobilienmakler und professionelle Rechtsanwälte nicht nur schnell und gut, sondern sogar überdurchschnittlich gut zu bezahlen. Ich versuche nie, mit ihnen zu feilschen wie ein orientalischer Teppichhändler. Üblicherweise hat das kleinliche Feilschen schwerwiegende Folgen. Zu guter Letzt gerät ein Geschäft »zufällig« noch sehr viel teurer als ursprünglich angenommen. Man muss also Profis immer rasch und üppig bezahlen.

Das Mindset-Gesetz Nr. 5 lautet also:

Gewinner sind speziell in finanziellen Belangen höchst zuverlässig und bezahlen Profis schnell und gut.

MINDSET-GESETZ Nr. 6

Nur scheinbar im Gegensatz dazu steht die Beobachtung, dass finanziell erfolgreiche Menschen sehr sparsam sind. Kluge Menschen geben Geld nicht für unnütze Dinge aus. Sie überlegen sich sehr genau, was sie brauchen und was nicht. Sie haben die Erkenntnis des griechischen Philosophen Aristoteles verinnerlicht, der sich der Legende nach einst auf dem Marktplatz im alten Athen umschaute, alle Waren, die feilgeboten wurden, in Ruhe in Augenschein nahm und dann urteilte: »Es ist wunderbar, die vielen Dinge zu erblicken, die man *nicht* braucht!«

Gewinner versuchen, speziell Fixkosten so niedrig wie möglich zu halten, eine Einstellung, die sich selbst mit zunehmendem Wohlstand nicht einschneidend verändert.

Aber auch die Kehrseite dieser Einstellung kann man häufig beobachten – und deren fatale Ergebnisse. Ein Beispiel:

Als ich vor einiger Zeit mit dem Zug von Köln nach Hamburg fahren wollte, suchte ich zunächst meinen reservierten Platz auf. Neben mir nahm ein Mann in den Fünfzigern Platz. Er war schlecht, ja verlottert gekleidet und sah aus wie aus einem schlechten Film. Er hatte einige schwarze, verfaulte Zähne und roch aus dem Mund wie eine Herrentoilette. Seine Fingernägel sahen aus wie uraltes, geschrumpeltes, gelbes Kaugummi. Seine ebenfalls gelbliche, ungesunde Haut war mit Warzen übersät, außerdem war er unrasiert. Einige borstige Haare wuchsen ihm aus den Ohren und der Nase. Zudem trug er eine Alkoholfahne vor sich her, die durch starken Zigarettengeruch kaum abmildert wurde. In einer Hand hielt er eine Dose Bier vor sich, wie ein Gewehr.

Er sprach mich nach kurzer Zeit an und berichtete mir während der gesamten Fahrt haarklein alles über sich selbst, obwohl ich ihn nicht kannte. So gestand er, dass er beruflich von Hartz 4 abhängig sei und gerade ein vom Arbeitsamt vorgeschriebenes Praktikum absolviere.

Soweit so gut! Als im Zug ein Getränkewagen plus Bedienung vorbeirollte, bestellte er sofort zwei Kaffee, obwohl ein Kaffee im Zug zwei Euro pro Becher kostete. Aber mein Hartz 4-Mann bezahlte das alles lässig und ohne mit der Wimper zu zucken. Ja er gab der Bedienung sogar noch ein üppiges Trinkgeld. Generös sagte er »Stimmt so!«. Dann lud er mich großzügig zu dem Kaffee ein …

Und so braucht man eigentlich nur seine Augen zu öffnen, um zu sehen, wie leichtsinnig die meisten Zeitgenossen mit ihrem Geld umgehen, obwohl ihnen das Wasser bis zum Hals steht. Beobachtet man sie genauer, erkennt man sehr schnell, warum sie nie auf einen grünen Zweig kommen. Sie arbeiten *selbst* hartnäckig daran, Geld an allen Ecken und Enden zu verschwenden. Sie kennen das Wort »Sparsamkeit« nicht einmal aus dem Wörterbuch. Und sie unterziehen sich nie der Mühe, bei Einkäufen Preise zu vergleichen und darauf zu achten, wo man etwas sehr preiswert und trotzdem in hoher Qualität erhält.

Herr Arm hat zudem interessanterweise gern die Spendierhosen an oder lebt zumindest stets über seine Verhältnisse.

Herr Reich dagegen legt jeden Monat systematisch einen Teil seines Geldes zurück.

Er spart regelmäßig. Er bezahlt sich also immer selbst zuerst! Allein wenn man die Regel anwendet, jeden Monat mindestens 10 % seiner Einnahmen auf die hohe Kante zu legen, kann man Reichtum eigentlich nur durch Selbstmord entgehen.

Herr Reich kennt sich zudem in allen Möglichkeiten aus, intelligent und legal Steuern zu sparen. Obwohl er über einen ausgezeichneten Steuerberater verfügt, weiß er, dass ihm die Kopfarbeit hierfür niemand abnimmt. Er delegiert höchst wichtige Aufgaben, wie klug Steuern zu sparen oder intelligente Investments zu tätigen, nie vollständig. Er vertraut auch nicht auf eine staatliche Altersvorsorge oder beliebige »Finanzberater« und »Vermögensberater«, er nimmt das Heft des Handelns selbst in die Hand. Wenn er dagegen den Einkauf in einem großen Unternehmen delegieren *muss*, achtet er darauf, nur eine höchst zuverlässige Person an die entsprechende Stelle zu setzen, die weiß, dass ihr Job darin besteht, Waren in hoher Qualität zu fairen oder niedrigen Preisen an Land zu ziehen und generell den Beutel zuzuhalten.

Herr Reich achtet dabei immer darauf, dass die laufenden Einnahmen höher sind als die laufenden Ausgaben. Nur das garantiert wirkliche finanzielle Freiheit. Das bedeutet natürlich, anfänglich auf Annehmlichkeiten zu verzichten.

Und so lautet das Mindset-Gesetz Nr. 6:

Menschen mit hoher finanzieller Intelligenz legen jeden Monat einen Teil ihres Geldes zurück und sparen, sparen, sparen.

Natürlich gönnt sich Herr Reich mit wachsendem Vermögen einen höheren Lebensstandard. Aber er begibt sich dabei nie aufs Glatteis, er finanziert kein großes Haus, das nur ihm selbst dient und nichts abwirft und ausschließlich mit Bankschulden finanziert ist, nur damit er glänzen und repräsentieren kann. Speziell gegenüber Konsumgütern, die überteuert sind und nichts abwerfen, ist er misstrauisch. Herr Reich besitzt Kontrolle über jeden einzelnen Euro, der durch seine Hände gleitet. Stets überlegt er sich, wie man aus jedem Euro, den er besitzt, einen zweiten zaubern könnte. Er leistet sich erst dann Luxusgüter, wenn er über genügend hohe Einnahmen verfügt, die die eigenen Ausgaben bei Weitem übersteigen.

Ist er selbstständig, so rechnet er nicht anders. Er weiß sehr wohl, dass beispielsweise Ärzte oft einfach deshalb weniger Überschüsse (und also echten Gewinn) erwirtschaften als etwa der Besitzer eines Friseursalons, weil der Herr Doktor zu hohe Ansprüche, Fixkosten und Ausgaben hat.

Er kennt weiter den Unterschied zwischen Vermögen und Verbindlichkeiten.

Vermögen? Wenn man etwas teurer wieder verkaufen kann als man es eingekauft hat.

Verbindlichkeit? Mit Verbindlichkeiten werden Schulden bezeichnet.

Damit aber sind wir unversehens bereits bei dem

MINDSET-GESETZ Nr. 7

Das prominenteste Beispiel für den Gegensatz Vermögen – Verbindlichkeit ist natürlich das bereits zitierte Einfamilienhaus, der Traum vieler Deutscher. Aber ein Einfamilienhaus, das man nur um der eigenen Bequemlichkeit oder um der Repräsentation willen kauft, bildet nur dann einen Vermögenswert, wenn man es teurer verkaufen kann als man es eingekauft hat.

Die meisten Menschen aber staunen nicht schlecht, wenn sie – aus welchen Gründen auch immer – eines Tages ihr geliebtes Einfamilienhaus verkaufen müssen. Mit mittlerem Entsetzen stellen sie plötzlich fest, dass sie es nur zu einem niedrigeren Verkaufspreis losschlagen können – im Verhältnis zum ehemaligen Einkaufspreis. Eine bittere Pille! Sie verfügten also tatsächlich über kein *Vermögen*, sondern über eine *Verbindlichkeit*. Auf keinen Fall handelt es sich um ein intelligentes Investment. Warum? Weil man sogenannte »schlechte Schulden« aufgenommen hat. Mit diesem Einfamilienhaus erzielt man keinerlei passive Einnahmen, durch Mieten etwa, man muss dagegen jeden Monat für Schuldzinsen und Tilgung zahlen. Es existieren keine Vorteile, sondern nur Nachteile, die sich, wenn man weiter denkt, sogar noch summieren:

> ➤ Geld, das man eigentlich für kluge Investments nutzen könnte, steht auf einmal nicht mehr zur Verfügung; man verliert also gleich zweimal!

> ➤ Die Zeit, in der man Geld für sich arbeiten lassen könnte, verstreicht ungenutzt.

Der Lerneffekt, den jeder benötigt, der sich als Frischling in der Investmentarena tummelt, ist mithin nicht gegeben und wird versäumt.

Und also lautet Mindset-Gesetz Nr. 7:

Gewinner legen ihr Geld intelligent an, sodass es sich ordentlich vermehrt. Sie akzeptieren allenfalls »gute Schulden«.

Trotzdem gibt es auch in diesem Zusammenhang eine Einschränkung.

MINDSET-GESETZ Nr. 8

Kluge Leute mit finanzieller Intelligenz vermeiden es mithin, Schulden zu machen, denn Schulden zu haben bedeutet, Verbindlichkeiten zu besitzen, bedeutet, seine Zukunft zu verspielen. Bei zu hohen Schulden ist oft ein »point of no return« gegeben, sprich, man kann sie kaum mehr oder sogar nie mehr zurückzahlen.

Schulden bedeuten weiter eine moderne Art von Sklaverei, denn man *muss* ja nun malochen, man besitzt nicht mehr die Möglichkeit, einfach seine sieben Sachen zu packen und in der Karibik zum Beispiel einen schönen Urlaub zu machen und den lieben Gott einen guten Mann sein zu lassen.

Schulden lähmen außerdem mental. Allein das Wissen, dass man sich in einer Abhängigkeit befindet, übt einen unheilvollen Einfluss auf das Denken aus.

Trotzdem lassen sich viele Menschen zu oft auf das gefährliche Spiel ein, indem sie eben ein hübsches Einfamilienhaus kaufen – wofür sie sich jedoch in der Folge ein ganzes Leben lang den

Rücken krumm arbeiten müssen. Manche braven Familienväter opfern tatsächlich ein ganzes Arbeitsleben, nur um die vermaledeiten Schulden für das eigene Häuschen abzutragen! Es handelt sich hierbei tatsächlich um eine Art von Leibeigenschaft (gegenüber der Bank oder einer Versicherungsgesellschaft), die jedoch nicht so bezeichnet wird. Im Gegenteil: Viele sind natürlich stolz auf ihre eigenen vier Wände, nicht wissend, dass sie dadurch ihre Arbeitskraft und Zeit manchmal ein Leben lang verpfänden.

Wenn dagegen Herr Reich Schulden akzeptiert, so achtet er darauf, dass er sie *rasch* abträgt, um eben nie in diese Schuldenfalle zu geraten, für die man manchmal Jahrzehnte braucht, um sich wieder aus ihr herauszuarbeiten.

Einige Investoren besitzen deshalb dieses Motto: *Cashflow ist King,* sprich sie sind immer flüssig.

Cashflow? Der Cashflow bei einem Investment ist nichts anderes als der echte, liquide Überschuss, die »eigenerwirtschafteten Mittel«, wie man das im Finanzdeutsch so schön ausdrückt. Noch klarer: Was bei einem Investment am Ende jeden Monats an Geld für Sie auf dem Konto hängen bleibt ... nur das zählt.

Und so viel ist richtig: Der Cashflow ist in der Tat wichtig und eine absolute Grundvoraussetzung für erfolgreiche Investments. Aber wenn sich ein kluger Investor dennoch einmal darauf einlässt, »gute Schulden« zu machen, wie das bei Immobilien fast immer der Fall ist, denkt er daran, dass er selbst diese Schulden regelmäßig und schnell tilgt.

Ich kenne persönlich viele junge, semi-professionelle Investoren, die lediglich 1 % Tilgung bei ihrer Immobilienfinanzierung vereinbaren, nur um über einen möglichst hohen Cashflow zu verfügen. Aber lassen Sie es sich gesagt sein: Eine solche Tilgung ist zu niedrig! Man baut nicht schnell genug seine Schulden ab.

Der gewitzte Investor denkt immer daran, dass auch der Immobilienmarkt einem Auf und Ab unterworfen ist. Deshalb muss man stets dafür Sorge tragen, dass man

➤ kräftig und schnell tilgt und

➤ genügend Rücklagen bildet.

Das Mindset-Gesetz Nr. 8 lautet mithin:

Generell muss man Schulden vermeiden, aber wenn man sich auf das Abenteuer »gute Schulden« einlässt, gilt es darauf zu achten, dass sie rasch getilgt und genügend Rücklagen gebildet werden.

Ich werde auf diese »guten Schulden« später noch einmal ausführlicher zu sprechen kommen, die Perspektiven hierzu sind atemberaubend.

MINDSET-GESETZ Nr. 9

Wer in puncto Finanzen eine hohe Intelligenz besitzt, zeichnet sich meist auch durch eine gewisse Risikofreude aus. Jedoch sei an dieser Stelle gesagt, dass nur kalkulierbare Risiken eingegangen werden. Das Thema Sicherheit wird immer groß geschrieben, Risikofreude und Risikoscheu halten sich die Waage. Ein solcher Mensch kann selbst mit einer Million Euro »Schulden« ausgezeichnet schlafen. Selbstverständlich baut er Verbindlichkeiten so rasch wie möglich ab. Aber er gerät nicht ins Zittern, wenn er ein paar große Zahlen sieht.

Sein Motto lautet: *Wer wagt, gewinnt.*

Es gibt in diesem Zusammenhang einen herrlichen Witz: Mosche betet in einer Synagoge zu Gottvater und bittet ihn, ihn doch einmal, ein einziges Mal, im Lotto gewinnen zu lassen. Er betet und betet. Plötzlich öffnet sich zu seiner Überraschung das Dach der Synagoge. Von oben schallt die Stimme Gottvaters herunter und ruft:»Mosche, ich würde dich ja gerne gewinnen lassen, aber *spiel* doch auch einmal im Lotto!«

Unser guter Mosche riskierte nie einen einzigen Cent. Und so kann er natürlich auch nie gewinnen.

Reiche Menschen sind risikofreudig.

Es gibt hierzu jedoch eine Einschränkung: Finanziell erfolgreiche Menschen investieren nie in Anlagen, die sie nicht verstehen und beurteilen können. Alle überkomplizierten neuen »Finanzprodukte«, von denen der Markt zurzeit überschwemmt wird, betrachten sie erst einmal mit Misstrauen. Wenn in ihren Augen ein Investment keinen Sinn macht, lassen sie die Finger davon. Sie nutzen schlicht ihr finanzielles Know-how und ihren gesunden Menschenverstand. Umgekehrt sind sie mindestens mit einer (manchmal sogar mehreren) Investmentmöglichkeit(en) hervorragend vertraut. In wenigstens einem Fachgebiet kann ihnen niemand ein X für ein U vormachen. Und niemand kann sie mit ein paar beeindruckenden Fremdwörtern aus dem Rennen schlagen.

Finanziell erfolgreiche Menschen gehen also nur kalkulierbare Risiken ein. Die Chance, zu gewinnen, muss sehr hoch und der Gewinn wahrscheinlich sein. Immer verstehen sie etwas von der Materie. Sie gehen also nur Risiken ein, die sie abschätzen können – und schreiben selbst dann *Sicherheit* groß.

Wenn sie beispielsweise eine Immobilie kaufen, vereinbaren sie immer ein Rücktrittsrecht, wenn noch keine schriftliche Finanzierungszusage von der Bank vorliegt. Und so lautet das Mindset-Gesetz Nr. 9:

Finanziell erfolgreiche Zeitgenossen gehen nur Risiken ein, die kalkulierbar sind. Sie investieren nur in Anlagen, die sie verstehen und beurteilen können.

MINDSET-GESETZ Nr. 10

Das letzte Gesetz besitzt sozusagen zwei Pole. Es handelt sich hierbei um die generelle Einstellung dem Geld gegenüber.

Grundsätzlich verfügen finanziell erfolgreiche Menschen über ein Motto, das ich bereits genannt habe: *Geld ist geil.* Sie erachten den Besitz von viel Geld als einen positiven Umstand. Sie *begehren* Geld intensiv und mit allen Fasern leidenschaftlich und wissen, dass es nicht automatisch wie die sprichwörtlich gebratene Taube in das eigene Maul fliegt. Die Intention, viel Geld zu verdienen, ist bei ihnen stark ausgeprägt. Geld zu verdienen, ist ihr Hobby und ihr Lebenselixier. Geld ist diesem Menschentypus wichtig, er gibt nicht vor, dass es eine Nebensächlichkeit ist. Wenn er Geld verleiht, so verlangt er es zurück. Er akzeptiert nicht, dass mit Geld nachlässig umgegangen und Geld verachtet wird. Er schätzt Geld und Besitz hoch ein.

Auf der anderen Seite sind finanziell erfolgreiche Menschen jedoch auch gewöhnlich großzügig, den sprichwörtlichen Geizkragen trifft man selten in den Zirkeln der Millionäre an. Sie handeln auch nach dem Motto:

Wer gibt, dem wird gegeben.

Und magischerweise passieren in der Folge die tollsten Dinge.

Ich habe beispielsweise einen gut situierten Freund in Hamburg, mit dem ich einst in der Hansestadt herumschlenzte, bis wir schließlich gemeinsam seine Stammbar besuchten. Ich beobachtete, dass er immer wieder den Kellnern und den Kellnerinnen großzügig Trinkgelder in die Hand drückte, wenn er bezahlte. Und was war das Ergebnis? Er erhielt stets mehr Getränke kostenlos ausgeschenkt als das Geld, das er als Trinkgeld spendiert hatte.

Viele reiche Leute spenden gerne sogar große Summen. Böse Zungen behaupten, dass sie damit nur ihr eigenes Image aufmöbeln wollen. Das mag ab und zu der Fall sein. Aber sie geben selbst Bettlern, Obdachlosen oder Zeitschriftenverkäufern etwas, sie spenden also auch dann, wenn sie kaum einen »Return on Investment« erwarten können, wenn niemand von ihren guten Taten erfährt und ihr »Image-IQ« in der Öffentlichkeit eben nicht angehoben wird.

Ein Nebeneffekt besteht sicher darin, dass man das Gefühl besitzt, etwas Gutes getan zu haben, wenn man Geld spendet – was erneut auf die eigene Person zurückwirkt, ob man will oder nicht. Oft verursachen selbstlose gute Taten außerdem, dass plötzlich aus einer ganz anderen Ecke etwas zurückfließt, das man nicht im Geringsten erwartet hat.

Geld ist für erfolgreiche Menschen also auch ein Mittel, um etwas Gutes zu tun. Sie wissen, mit Geld kann man sehr viel bewirken, man kann vielen Menschen helfen.

Und so finden wir also interessanterweise beide Pole bei erfolgreichen Menschen.

Das Mindset-Gesetz Nr. 10 lautet:

Finanziell erfolgreiche Zeitgenossen verfolgen unnachgiebig die Absicht, viel Geld zu verdienen, sie sind aber auf der anderen Seite auch großzügig und helfen anderen Menschen gerne.

Ausnahmen hierzu bestätigen nur die Regel.

NOCH EINMAL: MINDSET-GESETZE

Damit verfügen Sie über die zehn wichtigsten Mindset-Gesetze, die man immer wieder beobachten kann, wenn man mit reichen Menschen umgeht. Der Clou besteht nun darin, dass Sie, der oder die Sie gerade diese Zeilen lesen, genau diese Gesetze benutzen können, um Ihre eigene Lebensphilosophie entsprechend auszurichten.

Natürlich könnte man noch einige weitere Gesetze hinzufügen, wie etwa den intelligenten Umgang mit Fehlern. Finanziell erfolgreiche Menschen stehen schnell wieder auf, wenn sie gestürzt sind. Ihr Motto lautet: *Man ist kein Teppich, der liegenbleibt!* Ferner gehören zum richtigen Mindset auch die Einstellung, sich sehr hohe Ziele zu setzen; der kluge Umgang mit Mentoren; das globale Denken und der Blick über den eigenen Tellerrand hinaus; die Bereitschaft, sich außerhalb der eigenen Komfortzone zu bewegen; willens zu sein, weit zu reisen, um andere Mentoren/Investoren kennenzulernen und einiges mehr. Aus all diesen Eigenschaften könnte man weitere Mindset-Gesetze formulieren. Aber einige dieser Themen werden wir in eigenen Kapiteln abhandeln, sie sind zu wichtig. Von außerordentlicher Bedeutung beispielsweise ist speziell der intelligente Umgang mit den eigenen Fehlern, die einem unweigerlich unterlaufen, hat man sich einmal entschlossen, in Richtung Wohlstand zu wandern.

Damit aber befinden wir uns mit einem Bein bereits im nächsten Kapitel, das Ihnen verrät, wie Sie unglaublich klug mit den eigenen Fehlern umgehen können.

Die Zehn Mindset-Gesetze im Überblick

Nr. 1: Gewinner sind geistig beweglich, sie verfügen über die Fähigkeit, selbst lieb gewordene, alte Ansichten und »Glaubensvorstellungen« über Bord werfen zu können.

Nr. 2: Gedanken besitzen Macht. Negative Gedanken zeitigen negative Ergebnisse, positive Gedanken bringen positive Ergebnisse hervor. Man kann negative Gedanken einfach beiseiteschieben. Gewinner lassen nur positive Einstellungen zu.

Nr. 3: Viele verschiedene Wege führen nach Rom. Die OB-Strategie ist die Strategie des Verlierers, die WIE-Strategie ist die Strategie des Gewinners.

Nr. 4: Nur die Hartnäckigen gewinnen die Schlachten. Je mehr »Neins« man erhält, umso mehr »Jas« sind die Folge.

Nr. 5: Gewinner sind speziell in finanziellen Belangen höchst zuverlässig und bezahlen Profis schnell und gut.

Nr. 6: Menschen mit hoher finanzieller Intelligenz legen jeden Monat einen Teil ihres Geldes zurück und sparen, sparen, sparen.

Nr. 7: Gewinner legen ihr Geld intelligent an, sodass es sich ordentlich vermehrt. Sie akzeptieren allenfalls »gute Schulden«.

Nr. 8: Generell muss man Schulden vermeiden, aber wenn man sich auf das Abenteuer »gute Schulden« einlässt, gilt es, darauf zu achten, dass sie rasch getilgt und genügend Rücklagen gebildet werden.

Nr. 9: Finanziell erfolgreiche Zeitgenossen gehen nur Risiken ein, die kalkulierbar sind. Sie investieren nur in Anlagen, die sie verstehen und beurteilen können.

Nr. 10: Finanziell erfolgreiche Zeitgenossen verfolgen unnachgiebig die Absicht, viel Geld zu verdienen, sie sind aber auf der anderen Seite auch großzügig und helfen anderen Menschen gerne.

Kapitel 4
ÜBER DEN INTELLIGENTEN UMGANG MIT FEHLERN

Tatsächlich gibt es ein regelrechtes *Know-how*, wie mit Fehlern umzugehen ist. Wenn Sie es beherrschen, werden Sie künftig mit Schnitzern gänzlich anders umgehen als bisher. Das Thema *Fehler* ist äußerst spannend, entscheidet es doch maßgeblich über Ihren Erfolg oder Nichterfolg, denn es gibt keinen einzigen Menschen unter der Sonne, der nicht Fehler macht, so sehr er auch prahlt und Sie vom Gegenteil zu überzeugen sucht.

Wenn Ihnen jemand also den Bären aufzubinden sucht, er mache keine Fehler in der heißen Arena des Investments, so können Sie sicher sein, dass er nur den Mund voll nimmt und seine Patzer lediglich nicht eingesteht. Es gibt nicht einen einzigen professionellen Investor, der sich nicht über seine eigene Dummheit vor Ärger die Haare gerauft und der nicht schon viel Geld verloren hätte. Man muss also ein regelrechtes Know-how entwickeln, was Fehler angeht. Dabei geht es nicht nur darum, aus Fehlern zu lernen, das ist eine Binsenweisheit. Tatsächlich geht es um einen höchst intelligenten Umgang mit ihnen.

DIE GRUNDSÄTZLICHE EINSTELLUNG oder DER FAKTOR GESCHWINDIGKEIT

Die meisten Menschen sehen Fehler nicht als Kapital, sondern suchen sie mehr oder weniger geschickt zu vertuschen. Dabei sind Fehler unumgänglich, jedenfalls wenn Sie wohlhabend werden wollen. Das Erste, was Sie lernen müssen, ist, Fehler als etwas Positives zu betrachten. Es wäre außerdem gut, wenn Sie sie möglichst *frühzeitig* machen würden. Selbst die Pleite oder der Bankrott, so unangenehm sie sind, haben nichts Ehrenrühriges an sich – der Gesetzgeber hat für solche Fälle sogar ein Netz gespannt und Regeln formuliert. Aber man sollte möglichst *schnell* Bankrott anmelden, wenn er denn unumgänglich ist! Nur dann kann man auch *schnell* wieder auf die Beine kommen.

Gleichzeitig gilt es natürlich, die alten Fehler zu vermeiden, das versteht sich von selbst.

Doch vor allem ist die *Geschwindigkeit* von Bedeutung! Machen Sie also Fehler. Fehler sind gut. Fehler sind wünschenswert. Aber machen Sie sie möglichst rasch.

Ich könnte mich noch heute selbst in den Allerwertesten beißen, dass ich nicht früher anfing, geschickt zu investieren. Doch erlauben Sie mir, noch einen Schritt zurückzugehen: Schon als Kind beging ich bereits Investmentfehler. Mit sechs Jahren! Damals besaß ich ein Sparschwein, in das man oben durch einen Schlitz Geld hineinschieben oder es unten durch den fetten Bauch wieder herausholen konnte. Meine Mutter steckte mir damals immer ein Fünfmarkstück in dieses Sparschwein. Eines Tages fragte sie mich, ob ich damit einverstanden wäre, fünf Mark aus dem Bauch des Schweins herauszunehmen, im Gegenzug würde sie dafür einen Zehn-Mark-Schein oben wieder hineinstecken. Aber handfeste, gediegene, große Münzen besaßen für mich als Kind bedeutend mehr Wert als ein Stück buntes, bedrucktes Papier. Also sagte ich *Nein*. In der Folge suchte mir meine Mutter zu erklären, dass zehn Mark (als Schein) wertvoller sind als fünf Mark (in Münzen).

Schließlich verstand ich. Also erklärte ich mich schließlich einverstanden und bat meine Mutter, mir doch bitte den Schein in das Sparschwein zu stecken. Nun aber winkte meine Mutter ab … sie wollte mich etwas lehren. Und so verlor ich mein erstes Geld.

Allerdings war meine Mutter eine Seele von einem Mensch. Später erfuhr ich, dass sie mir heimlich die zusätzlichen fünf Mark in Münzform in mein Sparschwein gesteckt hatte, hinter meinem Rücken.

Aber nun ja, im heiß umkämpften Investmentmarkt trifft man höchst selten auf Menschen, die wie Mütter handeln, es wird im Gegenteil hier mit Zähnen und Klauen gekämpft.

Immerhin hatte ich diesen Fehler *frühzeitig* gemacht, es war im Grunde genommen nichts dabei angebrannt.

Als ich älter wurde, waren meine Fehler schon handfester. Ich kaufte mir zum Beispiel nicht nur den teuren BMW Z3, den ich mir eigentlich nicht leisten konnte, sondern schaltete auch zu teure PR-Anzeigen, verlieh Geld, ohne auf Sicherheiten zu bestehen, stellte zu viele Mitarbeiter in meinem Maklerbüro ein und einiges mehr – ich habe bereits darüber berichtet.

Doch selbst das waren alles noch Peanuts, auch diese Fehler machte ich glücklicherweise rechtzeitig.

Mein ärgster Fehler bestand zweifellos darin, erst mit 25 Jahren angefangen zu haben, »richtig« zu investieren und meine erste Immobilie zu kaufen. Auch zuvor hatte ich die Tugend des Sparens kultiviert – ich verfügte über eine Lebensversicherung (LV), ein smarter Versicherungsvertreter hatte sie mir aufgeschwatzt. Der Werbeslogan lautete in etwa: »Möglichst jung ans Alter denken!« – und ich ließ mich davon einseifen. Selbstredend ist gegen eine LV, sofern man *nicht* wohlhabend werden will, nichts einzuwenden. Wenn Sie jedoch schnell und zügig Vermögen bilden wollen, dann sollten Sie der Lebensversicherung den Rücken kehren.

Eines Tages kündigte ich also meine LV, obwohl ich mit 18 Jahren bereits angefangen hatte, 200 € monatlich einzuzahlen. Aber erst mit 25 Jahren erkannte ich, dass es sich um eine reine Geldverschwendung handelte. Nur die Versicherungsgesellschaften selbst wurden dabei fett und rund. Ich kündigte die LV also, wodurch ich natürlich ein paar Tausend Euro Verlust machte. Ich zahlte saftig Lehrgeld. Aber es ist besser, einmal Lehrgeld zu bezahlen, als einen Fehler weiter oder immer wieder zu begehen.

Hätte ich meine bescheidenen 200 € jeden Monat auf einem Tagesgeld-Konto gebunkert, dann hätte ich mit 22 Jahren bereits über die ersten 10.000 € Eigenkapital verfügt und mein erstes Immobilieninvestment weitaus früher in die Wege leiten können.

So aber verlor ich Zeit, und Zeit ist kostbar im Investmentgeschäft.

Das war natürlich nicht mein einziger Fehler. Ich investierte zeitweilig auch in Gold, als jedermann davon sprach, aber ich kaufte ein, als Gold bereits einen Höchststand erreicht hatte und jeder dem Gold nachlief wie ein läufiger Kater. Als es fiel, verkaufte ich wieder.

Sie sehen, ich habe mein Lehrgeld bezahlt, und nicht zu knapp.

Die erste Lektion lautet also:

Fehler sind gut! Je früher man sie macht, desto besser.

Aber was ist die zweite Lektion?

STRATEGISCHE ÄNDERUNGEN

Reiche Menschen sind Kämpfer von Natur aus, sie geben nicht auf. Sie suchen nicht den Weg des geringsten Widerstandes, sondern lieben die Herausforderung. Wenn sie ein *Nein* hören, arbeiten sie so lange, bis das erste *Ja* an ihr Ohr dringt. Herr Arm steckt sehr rasch auf, um sein Durchhaltevermögen ist es nicht gut bestellt. Herr Reich dagegen fällt wieder und wieder auf die Nase, aber jedes Hindernis, das er überwindet, bringt ihn ein Stück näher an sein Ziel. Er ist eine Art Stehaufmännchen, ein Boxer im Ring, der unglaublich viele und harte Schläge einstecken kann.

Dennoch birgt auch diese Methode eine Gefahr, nämlich die, dass man *unaufhörlich* weitermacht, wie eine aufgezogene Puppe, immer und immer wieder mit den gleichen Bewegungen oder Aktionen. Es ist zwar richtig, sein *Ziel* nie aus dem Auge zu verlieren, aber es ist auch von Bedeutung, seine *Strategie* zu ändern, wenn etwas über einen längeren Zeitraum nicht funktioniert.

Ein Beispiel: Einer meiner Freunde, nennen wir ihn Paul, spezialisierte sich ehemals auf den Verkauf von Fotovoltaik-Anlagen. Die neuen Energiegesetze sahen attraktive Einspeisevergütungen für Investoren vor. Vielleicht tat sich hier also gerade ein lukrativer, neuer Markt auf. Paul krempelte die Ärmel hoch und stürzte sich ins Getümmel, sprich: in den Verkauf. Der Erfolg aber ließ zu wünschen übrig, zwei Jahre lang. Unermüdlich arbeitete mein Freund jedoch weiter, überall war er präsent, nur um möglichst viele Fotovoltaik-Anlagen zu verkaufen. Ständig befand er sich im Stress, nie hatte er Zeit, aber auch über Geld verfügte er nicht. Es gelang meinem Freund nicht, rechtzeitig den Absprung zu schaffen.

Er ist ein Musterbeispiel dafür, wie man es *nicht* macht. Er dachte nicht eine Sekunde lang über eine strategische Änderung nach. Er blieb stets dem gleichen Trott verhaftet, obwohl ihn dieser nachweislich nicht voranbrachte.

Umgekehrt beobachtete Paul aber auch, dass ich mit Immobilien gerade eine Menge Geld verdiente. Und so kam es, wie es kommen musste. Eines Tages versuchte er, mich anzupumpen. Ich hatte jedoch erkannt, dass sein gesamten System und seine Strategie nicht funktionierten. Wenn ich ihm Geld lieh, konnte ich es genauso gut in den Schornstein schieben. Deshalb gab ich ihm keinen Cent, bot ihm aber an, Essen und Trinken kostenfrei zur Verfügung zu stellen und zur Not sogar einen Schlafplatz in meiner Wohnung. Da er immer stärker in die Miesen geriet, nahm er schließlich meinen Rat an und schmiss den Bettel hin. Aber sein zögerliches Verhalten hatte ihm mehr als drei Jahre seines Lebens gekostet ...

Es gilt also die Regel:

Wenn etwas partout nicht funktioniert, über einen längeren Zeitraum hinweg, muss man seine Strategie ändern.

Nur nebenbei: Hätte ich Paul mit Bargeld »geholfen«, wäre ich sogar dafür verantwortlich gewesen, dass er noch eine ganze Weile länger »schlechte Schulden« gemacht hätte.

Doch die nächste Lektion in Bezug auf Fehler ist sogar noch wichtiger.

DIE RATSCHLÄGE ANDERER

Zunächst erneut eine kleine Geschichte. Sie ist mir ein wenig peinlich, aber sie besitzt den Vorteil, dass sie die Sache auf den Punkt bringt.

Eines Tages stand in einer meiner Wohnungen ein Mieterwechsel an. Ich inspizierte die Wohnung und stellte fest, dass die Fliesen im Badezimmer an der Duschwand und an einigen anderen Stellen Risse aufwiesen. Der Grund? Die Unterkonstruktion bestand lediglich aus Sperrholz, außerdem hatte sich das Haus über mehrere Jahre hinweg »bewegt« – ein Phänomen, das man gelegentlich antrifft. Also machte ich mich unmittelbar auf, um die gleichen oder zumindest ähnliche Fliesen aufzutreiben. Da es in keinem Fachgeschäft exakt die gleichen Fliesen zu kaufen gab, erstand ich welche, die den Originalfliesen vom Aussehen her nahe kamen, sie waren nur ein wenig heller.

Ich verabredete ich mich mit einem Fliesenleger in der Wohnung, zeigte ihm den Schaden und bat ihn, die mit Rissen übersäten Fliesen auszutauschen. Er empfahl mir jedoch, nicht nur die defekten Fliesen auszuwechseln, sondern wegen des doch beträchtlichen Farbunterschieds lieber komplett neue Fliesen legen zu lassen.

Ich dachte an die nicht sehr hohen Mieteinnahmen und entschied ich mich dagegen. Der Fliesenleger schaute mich recht seltsam an und empfahl mir noch einmal dringlichst, das Bad komplett mit den neuen Fliesen auszustatten, alles andere könne er nicht verantworten. Da ich jedoch zu sehr auf meine Geldbörse schielte, schmetterte ich auch diesen Einwand besserwisserisch ab: Der Unterschied würde einem neuen Mieter kaum auffallen, außerdem würde das Geld für eine Komplettsanierung nicht so schnell durch die Miete wieder hereinkommen. Erneut erntete ich diesen seltsamen Blick. Da die Handwerker wissen, dass ich sie immer gut und überpünktlich bezahle, folgte der Fliesenleger schließlich meiner Anweisung und tauschte nur die beschädigten Fliesen aus.

Als ich am nächsten Tag die Wohnung begutachtete, traf mich fast der Schlag. Die Arbeit war tadellos ausgeführt, aber das Badezimmer sah aus wie die bunt zusammengewürfelte Kleidung eines Amerikaners mit schlechten Geschmack. Meiner Freundin zeigte ich im Nachhinein ein Foto. Sie sagte, es sehe aus wie »Tetris« an der Wand (das Computerspiel). Die ganze Angelegenheit war mir äußerst peinlich. Ich wusste, kein Mieter würde ein so hässliches Bad akzeptieren, jeder würde die Flucht ergreifen.

Wahrscheinlich würde ich einem Mieter noch »Schmerzensgeld« zahlen müssen, damit er ein solches Bad überhaupt akzeptierte!

Kommentarlos beauftragte ich den Handwerker, das gesamte Bad mit neuen Fliesen auszustatten. Der Spaß kostete mich schlussendlich die doppelte Summe, die ich veranschlagt hatte.

Haben Sie die Lehre erraten?

Eine zweite Geschichte illustriert den Punkt vielleicht noch deutlicher:

Grundsätzlich ist es immer richtig, mit Mentoren zu arbeiten. Am Anfang meiner Karriere wusste ich nicht, dass mein erster Mentor tatsächlich ein älterer, wirklich erfahrener Hase im Immobiliengeschäft war, er war sogar eine Art »väterlicher Freund«. Er hatte es mit Immobilien bereits zu einem beträchtlichen Vermögen gebracht und bot mir an, mir aufs Pferd zu helfen. Aber ich gebärdete mich förmlich lernresistent. Ich nahm ungern Ratschläge von anderen an, erst recht nicht von einer Person, die mir so nahestand. Ich wollte mich freischwimmen und bestand darauf, meine eigenen Erfahrungen zu machen.

Ich lehnte es ab, zu lernen!

Die Erkenntnis, wie wertvoll ein guter Mentor tatsächlich ist, dämmerte mir erst später.

Ich verteidigte damals meinen Standpunkt damit, dass nicht jeder Mentor die Weisheit mit Löffeln gefressen hat – was natürlich so ganz falsch nicht ist. Zudem wusste ich, dass man sich trotz des Ratschlags eines Mentors zusätzlich sein eigenes Urteil bilden musste. Auch das ist ja nicht ganz abwegig. Aber ich schlug eine Riesenchance aus, denn mein väterlicher Freund wollte mir nicht nur gute Ratschläge erteilen, sondern mir sogar noch einen Teil seiner Immobilien übereignen und mich als Geschäftsführer einsetzen.

Doch ich wollte nicht einer Person »auf ewig« dankbar sein. Auch das Gefühl, mich ins gemachte Nest zu setzen, war mir zuwider. Ich musste das Rad neu erfinden und die Welt auf eigene Faust auskundschaften. Und so verzichtete ich auf viele gute Ratschläge, obwohl sie mir frei Haus zugestellt worden wären. In der Folge machte ich Fehler, die ich mir durchaus hätte ersparen können.

Erst später lernte ich, gute Mentoren sehr, *sehr* hoch zu schätzen.

Aber was ist jetzt die Moral von der Geschichte, die Lektion, die es in Bezug auf Fehler zu lernen gibt? Nun, die Lektion lautet sehr einfach:

Man muss nicht jeden Fehler selbst machen.

Lernen Sie aus den Fehlern anderer!

Es ist sehr viel klüger, zuzuhören und einen guten Rat anzunehmen, sofern er von einem wirklichen Fachmann stammt.

Der Fliesenleger hatte schon sehr oft gesehen, wie zwei unterschiedliche Fliesensorten aus einem Badezimmer ein hässliches Entlein zaubern konnten. Aber nein, ich bestand darauf, diesen Fehler zu wiederholen und selbst zur Einsicht zu gelangen.

Und wie ist meine Lernresistenz gegenüber meinem väterlichen Freund zu beurteilen? Diesbezüglich bekleckerte ich mich ebenfalls nicht gerade mit Ruhm. Wäre ich bereit gewesen, aus seinen Fehlern zu lernen, hätte ich viel »Lernzeit« eingespart.

Viele verzichten tatsächlich auf eine Unmenge an Know-how, weil sie darauf bestehen, um jeden Preis eigene Erfahrungen zu machen. Dabei kann man viele Fehler vermeiden, indem man systematisch die Fehler anderer studiert, Fachleuten zuhört und mit Mentoren operiert.

Winston Churchill, der große britische Premierminister, der immerhin mithalf, Hitler niederzuringen, formulierte es mit seinem göttlichen Humor so: *Man muss nicht jeden Fehler selbst machen, man muss auch anderen eine Chance geben.*

Also studieren Sie in Ihrem Fachgebiet systematisch die Fehler *anderer.* Die Welt ist so voll von herrlichen Fehlern, dass hier ein unendlicher Reichtum zu heben ist, denn viele Fehler führen, bei richtiger Analyse, umgekehrt in die richtige Richtung. Es ist also goldrichtig und sehr klug, professionellen, erfahrenen Zeitgenossen das Ohr zu leihen, auch und gerade was Fehler angeht. Und am besten, Sie operieren darüber hinaus noch systematisch mit Mentoren! Inzwischen liebe ich es, meinen Mentoren alle möglichen dummen Frage zu stellen. Je neugieriger man ist, umso mehr Fehler kann man vermeiden. Also … geben Sie auch *anderen eine Chance*!

EIGENE FEHLER oder DAS ERKENNTNISJOURNAL

Dennoch werden Sie kaum darum herumkommen, in ein Fettnäpfchen zu treten, das einsam und verloren im Lande herumsteht. Es ist völlig ausgeschlossen, dass Sie nie einen Schnitzer machen, so sehr Sie sich auch bemühen.

Wie sollten Sie in diesem Fall vorgehen?

Nun, zunächst einmal sich selbst klarmachen, dass Sie tatsächlich einen kapitalen Bock geschossen haben. Aber gleichzeitig daran danken, dass Fehler unerlässlich sind und die Chance bieten, es das nächste Mal besser und richtiger zu machen.

Ich schreibe die wichtigsten Fehler zunächst einmal sorgfältig auf, führe ein *Zweckgebundenes Erkenntnisjournal,* wie ich das getauft habe. Sein Sinn und Zweck besteht schlicht darin, den gleichen Fehler nicht zu wiederholen, getreu dem Motto:

Man sollte einen Fehler nicht zweimal machen, die Auswahl ist ja groß genug!

Dieses Journal hilft, zum einen mir sehr bewusst zu werden, dass ich gerade Mist gebaut habe und es immer mal wieder tue. und zum anderen, von Fall zu Fall die jeweils richtige Vorgehensweise auszuarbeiten.

Als ich beispielsweise einmal zu einem wichtigen Finanzierungsgespräch mit einem Banker aufgrund der Parkplatzsuche fast zu spät kam und überdies nicht alle Unterlagen parat hatte, notierte ich in mein Erkenntnisjournal Folgendes:

Erkenntnisjournal

Zweck: Schneller Erhalt einer Finanzierungszusage

1. Vor dem Banktermin bereits telefonisch erfragen, welche Finanzierungskriterien die jeweilige Bank hat.

2. Immer 30 Minuten vor dem Banktermin ankommen, z. B. wegen Zeitverlust bei Parkplatzsuche

3. Bereits zum ersten Finanzierungsgespräch alle Unterlagen vollständig mitbringen.

4. usw. …

5. …

6. …

Kurz noch eine Ergänzung zu 1.: Mit Bankkriterien sind die Finanzierungskriterien einer Bank gemeint, z.b. macht die Bank A keine Finanzierungen für GmbHs, Bank B macht keine Finanzierungen von Wohnungen, die unter 50.000 € kosten und Bank C finanziert ausschließlich Immobilien ohne Gewerbeanteil usw. Diese Kriterien sollten vor einem Banktermin telefonisch geklärt werden, da man sich die Zeit bzw. den Banktermin sonst evtl. schenken kann. Ich habe das schon ein paar Mal erlebt. Man sitzt dann bei der Bank, hat auch mit dem Banker nett einen Kaffee getrunken, doch schlussendlich geht man wieder auseinander, weil die »Finanzierungskriterien der Bank« andere sind als auf das jeweilige Vorhaben gerade zutrifft.

Fehler sind also ein Unterricht, den das Leben selbst erteilt.

Die Lektion lautet:

Halten Sie nach jedem bedeutsamen Fehler die theoretisch richtige Aktion sofort schriftlich fest.

Am besten ist es natürlich, über einen guten Mentor zur verfügen oder zumindest sicherzustellen, dass man sich schlau liest, sodass ein Fehler möglichst gar nicht erst gemacht wird. Aber wenn doch, dann operieren Sie mit einem »Erkenntnisjournal«.

Noch einmal: Fürchten Sie sich nicht, Fehler zu machen, sie sind positiv zu bewerten, sofern man damit richtig umgeht. Sie gehören zum »Reichwerden« dazu, wie der Regen zur Bewässerung der Pflanzenwelt.

Der größte Fehler, sagte einmal ein kluger Mann, besteht darin, sich davor zu fürchten, Fehler zu machen. Speziell, wenn Sie sich hohe *Ziele* setzen, ist es einfach nicht zu vermeiden, dass man auch mal auf die Nase fällt.

Aber was hat es mit diesem mysteriösen Thema *Ziele* eigentlich auf sich?

5. GEWUSST WIE: ZIELE SETZEN UND TATSÄCHLICH ERREICHEN

Ziele, Ziele, Ziele! Es ist kaum vorstellbar, aber inzwischen gibt es Seminare, auf denen nur über die »Kunst, Ziele zu setzen« referiert wird. Es handelt sich erneut um eine eigene kleine Wissenschaft, über die man mehrere hübsche Doktorarbeiten verfassen könnte. Ziele besitzen eine enorme Kraft – ich werde gleich darauf zu sprechen kommen. Aber es existieren auch einige Fallgruben, in die Sie kopfüber stürzen können. Sie dürfen nicht alles glauben, was sich auf diesem Markt tummelt. Hier nur ein Beispiel:

Ziele sollten SMART sein. SMART[1] ist eine Abkürzung, die Buchstaben bedeuten:

S = Spezifisch

M = Messbar

A = Akzeptiert

R = Realistisch

T = Terminierbar.

Gestatten Sie mir, meine Zweifel anzumelden. Hierbei handelt es sich zum Teil um Binsenweisheiten, zum Teil sind die Ratschläge regelrecht falsch. Wenn Sie nur solche Ziele aufstellen, die »realistisch« sind, verzichten Sie sofort auf ein mächtiges

---

1   http://de.wikipedia.org/wiki/SMART_%28Projektmanagement%29

Motivationsinstrument, das Sie eigentlich unmittelbar auf den Mount Everest katapultieren könnte. Einst fragte ich einen meiner Mentoren, was seiner Ansicht *sein* größter Fehler gewesen sei, den er je begangen habe. Ohne zu zögern bekannte er, dass er seine *Ziele* zu niedrig gesteckt habe. Ich staunte nicht schlecht, denn mein Mentor hatte zweifellos unendlich viel erreicht. Als ich meinen Einwand vorbrachte, antwortete er: »Eins zu eins ist genau das eingetreten, was ich mir vorgenommen hatte. Hätte ich jedoch meine Ziele von Anfang an weit höher gesteckt, so wäre nur der Himmel die Grenze gewesen.«

Sie verstehen?

Ziele sollten eben *nicht* »realistisch« sein, es muss erlaubt sein, auch zu träumen!

Der ganze Trick, mit dem der Durchschnittsmensch dem Zeitgenossen, der große Träume hat, klein zu halten versucht, besteht darin, ihm einzubläuen, dass er aus einem streng vorgegebenen Rahmen nicht ausbrechen kann. Und so werden ihm ständig Versager-Meinungen oder Otto-Normalverbraucher-Ansichten übergestülpt, bis er sich tatsächlich klein und bescheiden fühlt und sich ein- und unterordnet. Wenn er es wagt, seine Träume auch nur zu erwähnen, wird er sofort als »Spinner« abgetan oder als »größenwahnsinnig« apostrophiert. Er wird ausgelacht, mit dem Degen der Ironie erstochen und man teilt ihm mit, dass bei ihm im Oberstübchen etwas nicht stimmt – und was der »Komplimente« mehr sind.

Auch die Behauptung, Ihr Ziel müsse »akzeptiert« werden, ist ausgemachter Unsinn.

Wenn Sie darauf warten, dass Ihre Umwelt gnädig Ihre Ziele zur Kenntnis nimmt, sie abnickt und Ihnen quasi die Erlaubnis gibt, dass es sich um ein »richtiges Ziel« handelt, können Sie sich gleich erschießen.

Die erste Fallgrube besteht also darin, allen scheinbar wissenschaftlichen Ausführungen über »Ziele« zu misstrauen. Was mich angeht, so ist die SMART-Formel zu bürokratisch, zu kompliziert, unnötig in einigen Details (= Ziele müssen »messbar« sein – das ist eine Binsenweisheit) und teilweise regelrecht falsch, wie gerade ausgeführt.

Machen Sie einfach dies mit solchen Tipps:

SMART (Projektmanagement)

SMART ist ein Akronym für »Specific Measurable Accepted Realistic Timely« und dient z.B. im Projektmanagement, aber auch im Rahmen von Mitarbeiterführung und Personalentwicklung als Kriterium zur eindeutigen Definition von Zielen im Rahmen einer Zielvereinbarung.[1]

Im Deutschen kann man es z. B. so übersetzen:

Buchstabe	Bedeutung	Beschreibung
S	Spezifisch	Ziele müssen eindeutig definiert sein (nicht vage, sondern so präzise wie möglich).
M	Messbar	Ziele müssen messbar sein (Messbarkeitskriterien)
A	Akzeptiert	Ziele müssen von den Empfängern akzeptiert werden/sein (auch: angemessen, attraktiv, abgestimmt ausführbar oder anspruchsvoll[2]).
R	Realistisch	Ziele müssen möglich sein.
T	Terminiert	zu jedem Ziel gehört eine klare Terminvorgabe, bis wann das Ziel erreicht sein muss.

Ein Ziel ist nur dann S.M.A.R.T., wenn es diese fünf Bedingungen erfüllt.

Bei konsequenter Anwendung von »SMART« ergeben sich klare, mess- und überprüfbare Ziele:

- Langfristige Ziele = Richtungsweiser
- Mittel- und kurzfristige Ziele

Wenn es um Ihre Ziele geht, denken Sie groß, ungeheuer groß! Achten Sie eben *nicht* darauf, dass sie »realistisch« sind.

Es gibt nebenbei bemerkt keinen Begriff, in dem mehr Gummi enthalten ist, als in dem Wörtchen »realistisch«, Sie können ihn nach allen Seiten dehnen. Was für den einen »realistisch« ist, ist für den anderen unerreichbar. Fest steht jedoch dies: Wenn Sie sich anderen *Realitäten* unterordnen – haben Sie sofort den Salat. Sie haben sich selbst in eine Büchse gesteckt, die Ihnen andere hingestellt haben.

Formulieren Sie also sternenhohe Ziele! Nur das ist Leben! Nur das macht einen ungeheuren Spaß! Nur auf diese Weise können Sie es kaum erwarten, morgens aus dem Bett zu springen, anstatt apathisch in der Furzmulde liegen zu bleiben. Versuchen Sie, die ganze Welt zu fressen, wenn Ihnen der Sinn danach steht. Und lassen Sie sich auf keinen Fall von einigen Kleingeistern unterbuttern, die Ihnen weiszumachen versuchen, Ihre Ziele seien zu hoch gesteckt. Hohe Ziele bergen eine mächtige Power in sich, da sie sofort in Aktivität einmünden! Nutzen Sie also diesen kostbaren Saft! Und kümmern Sie sich den Teufel darum, ob andere Ihre Ziele akzeptieren. Himmel, Sie müssen sich von keinem Menschen unter der Sonne die Erlaubnis einholen, in welche Richtung Sie marschieren wollen. Brauchen Sie eine Lizenz, um zu existieren? Bestimmt nicht!

GROSSE UND GRÖSSERE ZIELE

Selbst machte ich genau die Erfahrung, die ich gerade beschrieben habe. Sie glauben nicht, wie viele »wohlmeinende« Zeitgenossen mir meine Ziele auszureden versuchten. Aber ich erkannte schon früh die Kraft von Zielen. Ziele hatten groß zu sein, riesig, gewaltig – wozu man es sich zunächst erlauben muss, auch groß zu denken. Und wenn man schlussendlich lediglich die Hälfte eines sternenhohen Ziels erreicht, dann ist die Hälfte von etwas Großem immer noch besser als die Hälfte von Nichts.

Und also stürzte ich mich damals einfach in das Abenteuer Immobilien. Aber als ich meine erste Wohnung kaufte, hätte ich nie geglaubt, dass ich schon bald erst 2, dann 7, später dann 20 Wohnungen und mehr besitzen würde. Mein ursprüngliches Ziel bestand sehr einfach darin, innerhalb von fünf Jahren drei Wohneinheiten (= WEs) zu besitzen. Aber dann erkannte ich auf einmal, wie der Hase lief. Und also formulierte ich mein Ziel neu und griff nach den Sternen. Ich beschloss, *jedes Jahr* zehn WEs meinem Besitz hinzuzufügen.

Man muss sich nicht damit begnügen, Millionär zu werden.

Erlauben Sie mir, diesen Punkt noch etwas näher zu illustrieren. Als ich beschlossen hatte, als Investor tätig zu werden, kaufte ich meine erste Eigentumswohnung in Ahrensburg und die zweite in Bargteheide (beide in Schleswig-Holstein gelegen), die anderen Wohnungen sind im Moment nicht von Belang. Die WE in Bargteheide, ein hübsches Städtchen mit rund 15.000 Einwohnern, verfügte zwar über eine exzellente Lage (Zentrum, am S-Bahnhof), aber sie war unscheinbar und in einem elenden Zustand. Aber es gibt die alte Immobilienweisheit, dass »die schlechteste Wohnung in der besten Lage« der intelligenteste Kauf ist. Generell sind Immobilien, die am furchtbarsten aussehen, oft die gescheitesten Investments – eben weil man sie preiswert einkaufen kann. Ich übernahm die Wohnung zusammen mit einer Mieterin, wobei man wissen muss, dass vermietete WEs gewöhnlich noch einmal deutlich niedriger im Kaufpreis liegen als leer stehende Wohnungen. Kurz und gut, ich erstand die WE sozusagen gleich zweimal preiswerter. Trotzdem handelte es sich um ein echtes Abenteuer: Die (ältere) Mieterin war eine Migrantin, sie war arbeitslos und zahlte nur eine geringe, längst nicht mehr marktgerechte Miete. Ich wusste also, die Wohnung ließ sich zu mindestens 30 % teurer vermieten, wenn die Mieterin erst einmal ausgezogen war.

Erlauben Sie mir einen Schlenker und führen wir diesen kleinen Immobilienkrimi etwas näher aus, denn man kann viel daraus lernen. Als ich diese Eigentumswohnung das erste Mal in Augenschein nahm, fiel ich aus allen Wolken. Überall stank es wie die Pest nach Katzenurin. Die Tapeten waren von der Katze abgekratzt worden. Im Flur gab es keine einzige Lampe an der Decke. Lediglich eine Schreibtischlampe hatte die Mieterin freundlicherweise auf dem Fußboden abgestellt, damit ich überhaupt etwas erkennen konnte. Im Bad erblickte ich mit Entsetzen ein WC mit schräg hängendem WC-Sitz, der lediglich an einem Scharnier traurig an seinem Platz baumelte. Wie die Mieterin dort ihr »Geschäft« erledigen konnte, wagte ich mir nicht einmal in meinen kühnsten Träumen vorzustellen. Hinter dem

WC befand sich der »Rohrkasten«, aber ohne Kasten, man erblickte also nur die nackten Abwasserrohre. Die Dusche starrte vor Dreck. Die Duscharmatur war verkalkt und das Thermostat funktionierte nicht mehr. Die Küche, wenn man sie euphemistisch denn so nennen will, bestand nur aus einer Kochnische. Ein alter Stand-Backofen befand sich dort auf einem schmutzigen Tisch. Einen solchen Backofen, glauben Sie mir, würden Sie nicht einmal Ihrem schlimmsten Erzfeind wünschen. Nie in meinem gesamten Leben sah ich einen so verwarzten, dreckigen, verbrannten Backofen!

Auch der Mietvertrag war nicht eben vorteilhaft für den Eigentümer. Als ich wenig später der Mieterin eine neue Armatur spendierte, musste ich das aus eigener Tasche bezahlen, denn in dem Mietvertrag existierte keine Kleinreparatur-Klausel.

Ich will die Story abkürzen: Natürlich verdiene ich schlussendlich trotzdem bereits heute gut an dieser Wohnung. Zudem wird die Mieterin voraussichtlich freiwillig eines Tages das Weite suchen. Ich kann die Wohnung in der Folge vernünftig renovieren, schick herrichten und unmittelbar einen neuen Mieter gewinnen, der einen anständigeren Mietpreis entrichten wird.

Aber bleiben wir bei unserem roten Faden. Ich bemerkte damals, dass sich das Immobiliengeschäft sehr viel vorteilhafter anließ und vor allem schneller über die Bühne ging, als ich es mir ursprünglich vorgestellt hatte. Folglich begann ich, größer und größer zu denken. Ich liebäugelte schon nach nur einem halben Jahr mit einem Haus mit mehreren Wohnungen. Der Kauf klappte, und ich lernte in einer ungeheuren Geschwindigkeit. Nach nur einem Jahr entschied ich mich, meine Ziele noch höher zu stecken.

Ich beschreibe diese Details an dieser Stelle nur, damit Sie sehen, dass »groß denken« ein *Prozess* ist. Ziele kann man ändern, man kann sie höher und höher stecken. In dem Moment, da

Sie ein Ziel erreicht haben, wäre es sogar eine kapitale Dummheit, sich mit dem Erreichten zufrieden zu geben. Wenn Sie also »groß denken« wollen, vergessen Sie nicht, sich höhere und höhere Ziele zu stecken, kontinuierlich.

Natürlich ist es richtig und klug, anfänglich kleine Brötchen zu backen. Wenn Sie keinerlei Erfahrung im Immobiliengeschäft besitzen und noch nie Eigentum besessen haben, beginnen Sie bescheiden. Lernen sie aus Ihren Anfangsfehlern, sie sind unausweichlich, wie bereits beschrieben. Sie müssen zunächst über eine gewisse Immobilieninvestment Erfahrung verfügen, bevor Sie sich an größere Brocken wagen sollten.

Stufenweise vorzugehen ist also ebenfalls richtig. Ich kenne mehr als einen Fall, da ein reiches Töchterlein oder ein gut betuchter Sohnemann eine kleine Million von den Eltern erbte, sofort vom Größenwahn gepackt wurde, in riesigen Dimensionen investierte – und natürlich entsetzliches Lehrgeld bezahlte und auf die Nase fiel. Selbst der Zeitgenosse, dessen Taschen vor Geld überquellen, sollte also wissen, dass es eine *Stufenleiter* gibt, die von unten nach oben führt.

Noch nie ist ein Meister vom Himmel gefallen.

Aber all das bedeutet nicht, nicht grundsätzlich groß zu denken und sich nicht sternenhohe Ziele, Lebensziele zu setzen – und sogar diese Ziele noch einmal höher zu schrauben, sobald man ein altes Ziel erreicht hat.

KOMMUNIKATION ÜBER ZIELE

Eine andere Fallgrube hinsichtlich von Zielen besteht darin, die eigenen Ziele jedem auf die Nase zu binden. Persönlich bin ich sogar der Meinung, Lebensziele vollständig für sich zu behalten. Wenn Sie überall Ihre Ziele mit loser Zunge ausplaudern, sehen Sie sich gewöhnlich einer völlig unnötigen Opposition ausgesetzt. Sie laden den Kleingeist geradezu ein, Sie niederzumachen.

Erst wenn ein unübersehbarer, großer Erfolg eingetreten ist, können Sie den Vorhang ein wenig lüften, sofern es sich um einen Ansprechpartner handelt, der ähnlich wie Sie denkt und dem Sie völlig vertrauen. Nur Menschen, die den gleichen Mindset wie Sie besitzen, können Sie sich unter Umständen offenbaren.

Aber wie stellen Sie fest, ob eine Person über den gleichen Mindset verfügt wie Sie? Nun, beobachten Sie wie ein Luchs scheinbare Kleinigkeiten und hören Sie genau zu. Sie können eine Person jedoch auch sehr direkt nach deren Zielen befragen: Wenn eine Person überhaupt keine Ziele verfolgt, dann bedeutet das ACHTUNG BAUSTELLE! Sie stehen direkt vor einer Schlangengrube! Auch wenn Sie Antworten hören wie:»Ich will Betriebswirt werden.« oder »Ich *bin* Diplom-Ingenieur!«empfiehlt es sich ebenfalls, in Habachtstellung zu gehen. All das sind keine *Ziele*, ja nicht einmal Berufe, es handelt sich lediglich um Qualifikationen. Der Sprecher verrät damit, dass er sich mit dem Thema *Ziele* nie ernsthaft auseinandergesetzt hat.

Sehr offensichtlich sind Redensarten wie »Ich bin auch ohne Geld glücklich« oder »Geld ist mir nicht wichtig!«. Dann wissen Sie ebenfalls, dass es auf der anderen Seite des Tisches einen völlig anderen Mindset gibt.

Ein Beispiel: Ein mir sehr lieber Bekannter lässt es sich stets angelegen sein, umsonst zu arbeiten. Er verfügt über eine sehr

»soziale Ader«. Daran ist zunächst einmal nichts falsch. Verkehrt wird es meiner Ansicht nach erst, wenn eine solche Person nicht einmal ihren eigenen Lebensunterhalt verdienen kann. Sie erinnert mich dann immer an einen indischen Bettelmönch, der allen weismacht, dass er über hoch geheime Erkenntnisse des Jenseits verfügt und eine heilige, ehrwürdige Person ist; aber im Diesseits schmarotzt er nur überall und legt sich ansonsten in der Sonne auf die faule Haut.

Im Übrigen stolperte ich anfänglich in genau eben diese Falle, die ich gerade beschrieben habe.

Selbst mein väterlicher Freund und erster Mentor konnte anfänglich meine hoch gesteckten Ziele nicht so leicht verdauen – und er stand und steht zu 100 % auf meiner Seite! Als ich ihm eines Tages anvertraute, dass ich ein Haus mit mehreren Wohneinheiten kaufen wollte und das auch noch mit einem geringen Einsatz von Eigenkapital, erntete ich nur ein süffisantes Lächeln. Trotzdem zog ich die Sache durch. Selbst ein Freund und Vertrauter kann also unter Umständen demotivieren, es muss sich dabei nicht einmal um böse Absicht handeln.

Heute weiß ich, dass mein alter Freund über einen vollständig anderen Mindset verfügt als ich. Er kommt aus einem wohlhabenden Elternhaus und besaß von Kindesbeinen an Geld, später erbte er ordentlich und verfügte früh und ohne sich selbst die Hacken ablaufen zu müssen über ein Mehrfamilienhaus; zudem besitzt er ein prachtvolles Elternhaus.

Ich hingegen musste bei Null anfangen, ohne einen Cent in der Tasche. Und so kultivierte mein väterlicher Freund natürlich auch ganz andere »Glaubenssätze« als ich. Einer von ihnen lautete, dass es sich nur dann lohne, sich in einer Immobile zu engagieren, wenn man dort selbst gerne einziehen würde.

Für einen Investor ist das jedoch nicht die richtige Einstellung. Da ich selbst günstig wohne, stellte sich erstens diese Frage nicht, zweitens lautet die einzige korrekte Frage, ob eine WE lohnend dauerhaft vermietet werden und ob man unter Umständen aus einem hässlichen Entlein zudem noch einen schönen Schwan zaubern kann. Diese Kriterien sind rein sachlicher Natur und sehr viel emotionsloser.

Weiter finanzierte mein alter Freund seine Immobilien immer über die gleiche Bank – was meines Erachtens ebenfalls ein Fehler ist. Und schließlich machte er sich nie über Finanzierungszinsen Gedanken, das heißt, er verglich die unterschiedlichen Zinsen verschiedener Bankinstitute untereinander nicht, er holte sich nie mehrere Finanzierungsangebote ein. Auch das war und ist unvorteilhaft, da schon ein Unterschied von 0,1 % bei einer Finanzierung tausende Euros ausmachen kann!

Rechnen Sie sich einmal spaßeshalber aus, was ein Zinsunterschied von 0,1 % bewirkt – bei einer Finanzierungssumme von nur 250.000 € und einer Laufzeit von 15 Jahren! Aber denken Sie dabei stets auch an den Zinseszins.

Auf der anderen Seite schaute mein Freund zum Beispiel bei dem Kauf von Bananen höchst genau auf die Kosten und verglich hier die Preisunterschiede exakt – kein Scherz! Die Untugend, Finanzierungskonditionen nicht zu vergleichen, konnte ich ihm inzwischen ausreden, aber es amüsierte mich doch eine kleine Weile zu sehen, wie er Bananenpreise mit dem Mindset einer sparsamen Hausfrau verglich, doch unterschiedliche Zinskonditionen ignorierte.

Obwohl mein väterlicher Freund mir anfänglich in puncto Know-how überlegen war, stellte ich schließlich fest, dass er über keine speziellen, genau ausformulierten Investmentkriterien verfügte. Bei ihm entschied oft einfach nur der Zufall über den Kauf von Immobilieneigentum. Eine Immobilie kaufte/errichtete er nur deshalb, weil er über ein entsprechendes Grundstück verfügte, auf dem bereits sein Mehrfamilienhaus mit vielen Wohneinheiten stand. Eine andere Immobilie kaufte er in Reinbek bei Hamburg, weil er zufällig dort gerade wohnte und sein Nachbar ihm das Haus anbot.

Die Wahrheit war, und das realisierte ich erst später: Mein alter Freund verfolgte nach einigen Jahren längst keine hoch gesteckten Investitionsziele mehr. Er war bereits »satt«, vielleicht auch inzwischen ein wenig müde. Selbst ausgezeichnete, smarte Investoren können nach einiger Zeit investitionsmüde werden, geldmüde. Mein väterlicher Freund ist im Grunde seines Herzens heute nicht mehr wirklich daran interessiert, ein Schnäppchen zu machen. Selbst was seine Bürokraft pro Stunde verdient, weiß er nicht.

Ich muss an dieser Stelle im Übrigen festhalten, dass ich ihn sehr gern habe. Ich weiß, dass er zu 100 % auf meiner Seite steht – und dass er mir meine naseweisen Anmerkungen hier vergibt.

Der springende Punkt in diesem Zusammenhang allerdings lautet: Binden Sie nicht jeder Person Ihre hochgesteckten Ziele auf die Nase. Halten Sie im Falle eines Falles den Schnabel. Selbst wenn Sie eine Person hoch schätzen und ehrlich lieben und sie durch das Band der Affinität eng zusammengeschmiedet sind, heißt das noch nicht notwendigerweise, dass Sie Ihre Ziele wie in einem Bauchladen vor sich hertragen müssen. Jedenfalls gilt es aufzupassen, dass man nicht in eine »Motivationsbremse« nach der anderen rennt – nur weil man sich verplaudert hat. Kurz gesagt gilt der Satz:

Achten Sie wie ein Luchs darauf, wem Sie Ihre Ziele anvertrauen.

ZIELE ERREICHEN versus WORK-LIFE-BALANCE

Verzichten Sie auf der anderen Seite jedoch auch nicht darauf, sich überhaupt Ziele zu setzen. Bewahren Sie dabei Distanz zu Menschen, die keine Ziele haben oder ständig davon reden, dass man auf eine gesunde »Work-Life-Balance« achten müsse, dies aber als Lizenz benutzen, um sich träger als ein Faultier zu benehmen. Nehmen Sie auch Abstand von Menschen, die davon träumen, im Lotto zu gewinnen. Legen Sie Ihr Schicksal nie in andere Hände, sondern seien Sie Ihres eigenen Glückes Schmied. Betrachten Sie weiter mit Misstrauen Menschen, die vom »Schicksal« säuseln oder das »Karma« für etwas verantwortlich machen. Menschen, die hohe Ziele verfolgen, kultivieren solche Mindsets nicht. Sie wissen, dass Ziele eine ungeheure Kraft besitzen! Nutzen Sie diese Kraft!

Was die Praxis angeht, so gehen Sie einfach wie folgt vor:

WAS-WANN-ZIELE

Setzen Sie sich stets sehr präzise Ziele, die beinhalten, *was* Sie *wann* erreichen wollen.

Die Fragen lauten also sehr einfach:

1. Was genau ist mein Ziel?
2. Wann will ich dieses Ziel erreichen?

Wenn Sie die Antworten genau ausformulieren und schriftlich festhalten, werden Sie gewinnen.

Für das Jahr 2013 sah mein Ziele-Schlachtplan beispielsweise so aus:

Ziele 2013	
Was	Wann
1. Kauf von mindestens 10 Wohneinheiten	31.12. 2013
2. Buch über »finanzielle Intelligenz« schreiben	31.12. 2013
3. Gewicht < 78 Kg	30.06. 2013

Wenn Sie am Anfang Ihrer Karriere stehen und ein Immobilieneinsteiger sind, so könnten Sie sich beispielsweise vornehmen:

1. Ziel

Was: Einkommen – mind. 2.300,- €/Monat
Wann: 31.03.2015

2. Ziel

Was: Kauf einer Wohnung
Wann: 31.12.2015

Von Bedeutung ist es also immer, sehr präzise ein Ziel auszuformulieren, kurz und bündig, versehen mit einer Zeitvorstellung.

Persönlich hänge ich meine Jahresziele stets an die Wand über meinem Büro-Schreibtisch, sodass ich immer wieder daran erinnert werde, in welche Richtung ich marschieren will.

Jedes Jahr setzte ich mir neue Ziele, maximal jedoch nur drei Ziele. Warum? Wenn ich mir mehr Ziele setze, verliere ich zu leicht den Überblick und konzentriere mich nicht mehr auf das

Wesentliche. Für manch einen sind jedoch drei Ziele zu viel. Ideal sind generell ein oder zwei Ziele, damit man sich nicht verzettelt.

Kurz vor Neujahr genieße ich es, meine Ziele in Augenschein zu nehmen und festzustellen, dass ich sie erreicht habe. Ich stoße mit mir selbst an. Dann setzte ich mich auf den Hosenboden und formuliere die Ziele für das nächste Jahr.

Auf diese Weise stelle ich sicher, dass ich lebe und nicht »gelebt werde«, wie man das ausdrücken könnte, das heißt, ich lasse mich nicht von Zufällen oder dem »Schicksal« herumschubsen, sondern nehme das Heft des Handelns selbst in die Hand.

Gehen Sie genau so vor! Und konzentrieren Sie sich anfänglich idealerweise auf ein einziges Ziel, das Sie dafür aber unnachgiebig verfolgen.

Tatsächlich erleichtert Ihnen eine genaue Zielvorgabe sogar die blitzschnelle Beurteilung einer Situation. Hierzu ein kleines Beispiel.

EIN MERKWÜRDIGES BANKGESPRÄCH

Eines meiner Finanzierungsgespräche mit einer Bank nahm sich wie folgt aus: Nachdem ich telefonisch den Termin vereinbart hatte, erschien ich überpünktlich, mit einem Ordner unter den Arm geklemmt, in dem alle finanzierungsrelevanten Unterlagen vollständig enthalten waren. Ich war also bestens auf das Gespräch vorbereitet. Als ich mich am Schalter meldete, wurde ich zuerst gebeten, in der Lobby Platz zu nehmen. Schließlich holte mich ein Banker mit gewichtiger Miene ab, nennen wir ihn Herrn Schlau. Er führte mich in ein Beratungszimmer der Bank. Dort saß bereits der (verhältnismäßig junge) Filialleiter, der mich nun ebenfalls begrüßte und mir stolz seine Visitenkarte übergab.

Unter seinem Namen stand: »Bankfachwirt«. Also zückte auch ich meine Visitenkarte, auf der »Immobilienfachwirt« zu lesen war. Torverhältnis soweit: 1:1. Daraufhin wurde mir Kaffee angeboten und ich legte meinen Ordner auf den Tisch.

Nun begann Herr Schlau den Schlagabtausch einzuleiten mit den Worten: »So Herr Käselow, erzählen Sie mal, warum sind Sie hier?« Er blickte mich dabei gönnerhaft an, wie eine Katze, die mit einer Maus noch ein wenig spielt, bevor sie sie frisst.

»Der Grund? Die Finanzierung eines Mehrfamilienhauses!«, antwortete ich wie aus der Pistole geschossen. »Wie telefonisch angekündigt!«, fügte ich schnell hinzu, denn ich hatte die Bank über mein Vorhaben ja bereits vorab telefonisch aufgeklärt. Es handelte sich also um eine völlig unnötige Frage.

Herr Schlau taxierte mich eine Weile und fuhr dann aufgeräumt fort: »Herr Käselow, noch ist unsere kleine Gruppe nicht vollständig. Normalerweise ist bei solchen Gesprächen auch unser Firmenbetreuer mit von der Partie. Wir werden also auf alle Fälle noch ein Zweitgespräch benötigen.«

Ich erwiderte nichts, dachte mir aber meinen Teil. Professionell wäre es gewesen, diesen Firmenberater gleich hinzuziehen. Und: Warum mussten gleich drei Banker mit mir über die Finanzierung verhandeln, waren zwei von ihnen Pappnasen, die nicht wussten, wo es lang ging? Als höflicher und wohlerzogener Mensch verkniff ich mir jedoch eine entsprechende Antwort.

Herr Schlau räusperte sich jetzt wichtigtuerisch, musterte mich jetzt mit dem Charme einer Spinne und fragte mich darauf fast heiter: »Also Herr Käselow, dann erzählen Sie mal. Was haben Sie für Wünsche?«

Ich glaubte einen Moment lang, mich im falschen Film zu befinden. *Halloooo! Ich will eine Finanzierung! Habe ich das nicht bereits mehrfach gesagt?!,* dachte ich. Aber in meiner zuvorkommenden, verbindlichen und freundlichen Art antwortete ich immer noch artig, obwohl bei mir langsam das Wasser im Kochtopf überlief: »Es geht um die Finanzierung eines Objektangebotes mit elf Wohneinheiten.«

Herr Schlau musterte mich nun wie einen exotischen Schmetterling, bevor er die Stimme senkte, ihr einen geheimnisvollen, fast esoterischem Klang verlieh und fragte: »Sagen Sie Herr Käselow, was erwarten Sie von uns?«

Ich will eine Finanzierung, dachte ich nur und fühlte mich plötzlich an eine Komödie mit Charlie Chaplin erinnert. Trotzdem erwiderte ich erneut rücksichtsvoll:

»Ich erwarte, dass wir ein angenehmes, professionelles Gespräch führen und ich Ihnen mein Objekt präsentieren kann, sodass Sie sich dazu entschließen, es zu finanzieren.«

Und was machte nun Herr Schlau? Er fragte tatsächlich noch ein weiteres Mal, was mein Begehren sei.

Er variierte dabei kaum seine Frage! »Herr Käselow, was wollen Sie wirklich?«

Ich aber dachte unvermittelt an ein Tantra-Seminar oder an einen Kurs für mentale Wohlfühlpraktiken. Sprach der Banker vielleicht kein Deutsch? Oder hatte er heimlich Haschisch geraucht? Wie der Arm eines Plattenspielers, der in einer Rille festsitzt, stellte Herr Schlau mir immer wieder die gleiche oder eine ähnliche Frage. »Warum sind Sie hier? Was wollen Sie wirklich?«

Und so ging es eine Weile munter weiter.

Ich will die Slapstick-Komödie abkürzen. Die beiden Banker kamen tatsächlich über die erste Frage nie hinaus! Dabei lächelten sie so freundlich wie zwei Pfleger, die einen Psychopathen zu behandeln haben.

Und so wusste ich bereits nach fünf Minuten dieses seltsamen »Gesprächs«, dass ich hier mein *Ziel* nie erreichen würde. Es fehlte nur noch ein kafkaeskes, irres Lachen bei den beiden Bankern, und das Lustspiel wäre perfekt gewesen.

Und also packte ich, immer noch zuvorkommend und höflich, nach ein paar Minuten meine Siebensachen und eilte aus dem verrückten Bankhaus, wo ich kein einziges Mal nach einem *Detail* gefragt worden war. Noch einmal: Ich wusste, mein *Ziel* konnte ich hier nie erreichen, selbst wenn ich alle Anforderungen und Kriterien zu 100 % erfüllen würde. Die beiden Herren waren nicht einmal in der Lage, eine sachliche, professionelle Konversation zu führen. Sie waren inkompetent. Und also verließ ich rasch den Ort des Geschehens.

Selbst in solchen Situationen muss man nebenbei bemerkt Haltung bewahren. Doch der springende Punkt ist. Wenn man mit einem genau formulierten *Ziel* arbeitet, erkennt man gewöhnlich sehr schnell, ob ein Gespräch sinnvoll ist oder ob man nur seine Zeit vergeudet.

Sehr viele Kontakte lassen sich in Blitzesschnelle »aussortieren« und sehr viele unnötige Situationen abkürzen, wenn man strikt auf ein *Ziel* lossteuert. Wenn Sie also sehr genau wissen, was Sie wollen, sparen Sie sich eine Menge Zeit.

Glücklicherweise war dies jedoch eine Ausnahme. Ich fand schon nach einer Woche eine andere sehr kompetente Bank, bei der alles wie am Schnürchen verlief …

UNTERSCHIEDLICHE ZIELE: GEWUSST WIE

Gestatten Sie einige letzte Anmerkungen zum Thema *Ziele*: Grundsätzlich ist es richtig, zwischen Lebenszielen, Jahreszielen, Monatszielen und sogar Wochenzielen zu unterscheiden. Den Weg zum langfristigen Ziel kann man also in einzelne Schritte »zerlegen« und diese dann genau ausarbeiten.

Halten Sie auf jeden Fall immer fest, wann Sie wo stehen wollen, arbeiten Sie stets mit schriftlich fixierten Plänen, denn es gilt die alte Weisheit: *Wer schreibt, der bleibt!* Sie können auch Ziele visualisieren, wie das manchmal empfohlen wird, obwohl ich kein großer Freund dieser Methode bin. Aber vergessen Sie um Gottes willen alle Suggestivsätze und jede Art von Selbsthypnose, wo man sich nur ständig etwas einreden und mentale Gehirnwäsche betreiben muss. Diese Späße funktionieren meiner Meinung nach nicht, ja sie lenken im Falle eines Falles sogar davon ab, der Realität ins Auge zu sehen und aktiv die notwendigen Schritte zu unternehmen. Nutzen Sie die *Wie-Strategie* und arbeiten Sie mit ausgearbeiteten Zielen und Zwischenschritten, dann sind sie auf dem richtigen Weg.

Wenn Sie sich nicht sicher sind, wie Sie Ihr Ziel am besten erreichen können, und wenn Sie über keine Strategie verfügen, so fragen Sie einfach Leute, die genau eben dieses Ziel, welches Sie anpeilen, bereits erreicht haben. Erwarten Sie jedoch nicht, dass Ihnen eine andere Person die notwendige Strategie mundgerecht vorkaut. Auch ich kann das nicht. Ja, ich vermag Ihnen einige Werkzeuge an die Hand zu geben. Aber niemand nimmt Ihnen die Aktion ab und die Bereitschaft, Fehler zu begehen. Sie müssen die Nase selbst in den Wind halten.

Arbeiten Sie deshalb frühzeitig mit Ihrem eigenen Netzwerk von Professionals (mit Maklern, Investoren und so fort), damit Sie wissen, wie der Hase läuft. Fragen Sie Profis ein Loch in den Bauch und dann legen Sie einfach los.

Doch halt! Bevor Sie sich ins Getümmel stürzen, muss ich Sie fragen, ob Sie auch wirklich Ihre Hausaufgaben gemacht haben, die ich Ihnen in einem früheren Kapitel gestellt habe.

Sie erinnern sich?

Kapitel 5
ÜBER EINNAHMEN UND AUSGABEN oder DER REICHSTE MANN VON BABYLON

Sie haben aufgrund meiner früheren Ausführungen sicherlich bemerkt, dass ich ein großer Freund des Sparens bin. Tatsächlich ist das Unternehmen, wohlhabend zu werden, sehr wohlhabend, grundsätzlich einfach. Sie müssen lediglich drei Schritte gehen:

1. Steigern Sie Ihre Einnahmen.
2. Kürzen Sie Ihre Ausgaben und sparen Sie höchst intensiv.
3. Investieren Sie geschickt und generieren Sie dadurch ein zusätzliches Einkommen, ohne es wieder auszugeben, ja re-investieren Sie sogar das zusätzliche Einkommen.

Einfach, nicht? Eine Formel für Idioten, könnte man meinen. Und trotzdem scheitern so viele daran. Der Grund ist nicht etwa Schritt (1). Menschen, speziell in Deutschland, sind im Durchschnitt sehr fleißig, die Deutschen sind im Ausland sogar berühmt für Ihren Fleiß.

Tatsächlich scheitern die meisten an Schritt (2). Nehmen wir diese Hürde also noch einmal etwas genauer unter die Lupe, bevor wir die Geheimnisse des geschickten Investments in Augenschein nehmen.

»DER REICHSTE MANN VON BABYLON«

Mit diesem Titel schmückt sich ein kleines Büchlein, das den Untertitel trägt: »Erfolgsgeheimnisse der Antike«. Die deutschsprachige Ausgabe ist im Goldmann-Verlag erschienen, Autor der US-Amerikaner George Samuel Clason (1874 – 1957). Er war Schriftsteller, Verleger, Soldat und Geschäftsmann, alles in einer Person. Wenn Clason nicht gerade einen Feind erschoss, wetzte er die Feder und schrieb besonders gerne seine Erkenntnisse bezüglich des Themas *Geld* nieder. Weithin bekannt wurde er durch seine Pamphlete über finanziellen Erfolg, die er in *Parabeln* kleidete (= eine dem Gleichnis verwandte, lehrhafte Erzählung); er siedelte sie im alten *Babylon* an, das grob gesprochen im heutigen Irak lag. Die berühmtesten dieser Parabeln wurden später zusammengefasst in dem Buch »Der reichste Mann von Babylon.«

Ich lege Ihnen dieses Buch sehr ans Herz. Bis zu 70 Jahre nach dem Tod eines Autors, so will es das Urheberrecht, darf man nicht fröhlich abschreiben und ungefragt jede Menge zitieren; deshalb sei an dieser Stelle nur so viel festgehalten, dass auch Clason immer und immer wieder auf das *Sparen* abhebt.

Er rät weiter an, »wissbegierig« zu handeln, in Bezug auf die richtige, vernünftige Geldanlage, sprich andere Menschen zu befragen, aber nur Ratschläge von ausgewiesenen Fachleuten anzunehmen, die bereits unter Beweis gestellt haben, dass sie mit Geld intelligent umgehen und es geschickt vermehren können. Aber das eigentliche Anliegen Clasons war es, immer wieder auf das Sparen aufmerksam zu machen. Er riet, mindestens ein Zehntel seines Einkommens regelmäßig beiseitezulegen und zu sparen, wenn nicht mehr, und immer sich selbst zuerst zu bezahlen.

Und so verfüge ich denn heute über zwei Daueraufträge. Ein Teil meines Geldes, das eintrudelt, gelangt auf ein »Sparkonto«, ein anderer Teil auf ein »Aktiendepotkonto«. Das Geld auf dem »Sparkonto« benutze ich, um in neue Immobilien zu investieren – oder es dient einfach als Rücklage. Das »Aktiendepotkonto« verfolgt natürlich den Zweck, durch Aktien zusätzlich ein Einkommen zu generieren, hierauf werde ich später noch zu sprechen kommen.

Das Sparen steht also bei mir an erster Stelle, es steht weit, weit oben auf meiner Werteskala. Und da ich mich mittlerweile nicht mehr darum sorgen muss, wie ich die nächsten Jahre »überleben« kann, vermag ich regelmäßig das Gesparte geschickt zu investieren, wodurch sich die (Besitz-)Spirale ständig nach oben fortschraubt, tatsächlich in einer atemberaubenden Geschwindigkeit.

DIE HOHE SCHULE DES SPARENS

Aber ach, wird so mancher Leser wehmütig denken, wenn ich mich nur erst einmal in den Regionen befände, in denen ich nur regelmäßig clever zu investieren bräuchte. Schon der Volksmund weiß: Der Teufel scheißt immer auf den größten Haufen. Sobald man erst einmal über Geld verfügt, scheint es ein Leichtes zu sein, Geld weiter und weiter zu vermehren.

Also ist der mit Abstand schwierigste Schritt das Sparen. Es gibt jedoch auch eine gute Nachricht in diesem Zusammenhang: Tatsächlich gibt es so etwas wie die *Hohe Schule des Sparens*.

Ich habe Sie bereits in einem früheren Kapitel auf die Verführungen der Konsumgüterindustrie aufmerksam gemacht. Unternehmen engagieren heute die intelligentesten und teuersten Werbeprofis – Experten, die mit allen Wassern gewaschen sind –, um Sie zum Konsum zu verführen. Aber man kann Ihnen etwas entgegensetzen! Ich rate Ihnen deshalb an, das Sparen geradezu wie einen *Sport* zu betreiben!

Aber zugegeben! Wenn Sie ernsthaft sparen wollen, treten Sie zunächst an gegen unsere gesamte Gesellschaft, die ständig und überall den Konsum predigt. In TV, Radio und Zeitungen, im Internet und in Magazinen, auf Litfaßsäulen und in Fußballstadien, überall prasseln die Konsumaufforderungen pausenlos auf Sie nieder, 25 Stunden am Tag. Allenthalben sucht man Ihnen weiszumachen, was Sie angeblich alles brauchen, man sucht, in Ihnen Wünsche zu wecken und in die verborgensten Winkel Ihrer Seele zu kriechen, um nur ja Ihren schwachen Punkt ausfindig zu machen, damit Sie kaufen, kaufen, kaufen, konsumieren, konsumieren, konsumieren. Ein Heer von Psychologen, Werbern, PR-Profis, Verkäufern, Vertriebsspezialisten, Malern, Zeichnern, Textern und Komponisten wird regelmäßig auf sie angesetzt, um Sie gewissermaßen zur Strecke zu bringen und Ihnen den Konsum schmackhaft zu machen.

Sie müssen kurz gesagt eine verdammt starke Persönlichkeit sein, um all diesen Einflüsterungen zu widerstehen, speziell wenn man in Ihrem Freundeskreis die Konsumphilosophie verficht.

Tatsächlich entkommen Sie diesem gewaltigen Druck nur, wenn Sie das Sparen regelrecht zu Ihrer persönlichen Weltanschauung erheben und es wie gesagt als Sport betreiben. Sie müssen den Einflüsterungen all der zahlreichen kleinen Werbeteufel widerstehen und im Falle eines Falles sogar Ihren Freunden Paroli bieten können.

Als Erstes gilt es, die Einnahmen/Ausgaben vollständig unter Kontrolle zu haben mit dem Ziel, mehr einzunehmen als auszugeben.

Sogar in dieser Hinsicht werden wir ständig an der Nase herumgeführt und nach Strich und Faden manipuliert.

Denn wie stellt sich die Situation dar?

EINNAHMEN/AUSGABEN

Nun, zunächst einmal wird Ihnen suggeriert, dass Geld leicht, unvorstellbar leicht, an allen Ecken und Enden, zu haben sei. Schließlich gibt es Kreditkarten, die dazu einladen, ständig alles Mögliche zu erwerben. Ein Kauf per Internet kostet Sie scheinbar nur ein paar Klicks. Man kann weiter zu einer Bank pilgern und einen Kleinkredit aufnehmen, meist ohne größere Probleme. Man kann sein Konto überziehen und so weiter und so fort. Geld, Geld, das ist scheinbar eine Ware wie alle anderen Waren.

Richtig? Falsch! Geld bestimmt darüber, ob Sie Ihren wirklichen Zielen nachgehen können oder nicht, ob Sie sich wie ein Sklave ein Leben lang bei einem Arbeitgeber verdingen müssen oder ob Sie ein freier Mensch sind.

An früherer Stelle habe ich bereits davon berichtet, dass auch ich mich am Anfang selbst am Schopf packen und aus dem Sumpf ziehen musste. Ich kürzte rigoros Ausgaben an allen Ecken und Enden, bis die Einnahmen die Ausgaben schließlich wieder überstiegen. Daraufhin führte ich erst einmal meine Schulden zurück.

Meine Ausgaben herunterzufahren, fiel mir zu Beginn ungemein schwer. Aber dann erkannte ich plötzlich, dass man das Sparen wirklich wie einen Sport oder ein Spiel angehen kann. Den Imageverlust, plötzlich »nur noch« als Wohnzimmer-Makler zu agieren, konnte ich ebenfalls leicht wegstecken, denn dafür war mein Konto auf einmal prall gefüllt. Der verführerische Duft der Freiheit wehte mir entgegen. Ich erkannte:

Manchmal muss man zwei Schritte zurückgehen, damit man später zehn Schritte nach vorn machen kann.

Dazu muss der Mensch, der auch ein Gewohnheitstier ist, jedoch die Kraft zur Veränderung aufbringen. Man muss erkennen:

Auch in einem schicken Ein-Zimmer-Apartment kann ich genauso glücklich sein wie in einer Drei-Zimmer-Wohnung, es gibt sogar gewisse Vorteile, was die Reinigung etwa angeht. Darüber hinaus begann ich damals, *jede* Konsumausgabe sozusagen als meinen persönlichen Feind zu betrachten, auf eine spielerische Art und Weise allerdings. Bislang hatte ich derartige Ausgaben geliebt, jetzt begann ich sie zu beargwöhnen. Ich erklärte sie zu den wahren Feinden in diesem Spiel, das da hieß reich, unabhängig und finanziell frei zu werden.

Und so gilt der Satz: Eine Person, die sich möglichst schnell ins finanzielle Unglück stürzen will, braucht nur ständig Geld für unnütze Dinge auszugeben; in kürzester Zeit wird sie stolpern und auf die Nase fallen. Eine besonders prominente Falle nimmt sich wie folgt aus.

DER SCHNÄPPCHENJÄGER

Ein guter Bekannter von mir liest regelmäßig Schnäppchen-Zeitschriften und Schnäppchen-Anzeigen und ersteht so alles Mögliche: den tollsten, neuesten Flachbildschirm zu einem erstaunlich niedrigen Einkaufspreis, kostengünstige Reisen, spottbilligen Kaffee, Handys, Zigaretten und so weiter. Er glaubt, dass er äußerst gerissen ist und sozusagen dem Konsumrausch ständig ein Schnippchen schlägt. Er realisiert nicht, dass *jeder* Konsum-Verbrauch, einschließlich sogar der Versicherungsbeiträge und der Miete, ins Abseits führt. Er schlägt das System nicht etwa mit seinen eigenen Waffen, wie er glaubt, sondern geht ihm besonders leicht auf den Leim. Er befindet sich noch immer *innerhalb* des Systems.

Außerhalb des Systems vergnügt man sich dagegen an dem Spiel, Konsumausgaben als Feind zu betrachten. Konsumausgaben sind, so jedenfalls meine persönliche Definition, alle Güter, die man nicht zum unmittelbaren Überleben braucht und die keine Investmentausgaben darstellen. Konsumausgaben sind die Feinde, die uns ständig das Geld aus der Tasche zu ziehen versuchen. Sie saugen uns sozusagen das Blut aus den Adern, wie Vampire. Und so könnte man tatsächlich ein Brettspiel erfinden, das uns von Kindesbeinen an lehrt, Konsumausgaben systematisch zu vermeiden.

Einladungen zum Konsum verfolgen uns auf Schritt und Tritt! Wir begegnen ihnen in allen Kaufhäusern, in Multimedia-Märkten, in den Fußgängerzonen und wenn wir beim Abendspaziergang einen Blick in die Schaufenster werfen. Überall lauert der »Feind«, vor allem im TV. Manchmal präsentiert er sich offen, manchmal wählt er eine hinterhältige Strategie. Er kann mit einem Panzer daherkommen oder eine Guerilla-Taktik wählen. Der Gegner hypnotisiert uns förmlich und sorgt dafür, dass wir zunächst ein kurzweiliges Glücksgefühl genießen. Er tarnt sich mithin, sodass man ihn nicht unmittelbar als Feind identifiziert. Und so kauft der Schnäppchenjäger zum Beispiel eine bestimmte Kaffeemaschine, die »eigentlich« sehr teuer ist, die er aber ein paar Euro preiswerter ersteht. Er freut sich ein paar Wochen über seinen Kauf, aber schließlich schmeckt der Kaffee aus dieser Maschine aus unerfindlichen Gründen nicht mehr so lecker. Also muss entweder eine neue teure Kaffeesorte her, weil nur spezielle Kaffeebohnen in die Maschine passen, oder unser Held braucht eine völlig neue Kaffeemaschine.

Mein Schnäppchenjäger existiert tatsächlich, ich habe ihn nicht erfunden. Jeden Sonntag, bei einer (teuren) Tasse Kaffee am Frühstückstisch, liest er alle Werbeprospekte durch, die in seinem Briefkasten unter der Woche gelandet sind. Systematisch sucht er nach Schnäppchen. Für jedes Schnäppchen findet er in der Folge eine ganze Reihe von »guten« Kaufgründen. Dann schlägt er zu. In der Folge rechnet er anderen Zeitgenossen stolz vor, wie viel er bei einem bestimmten Produkt gespart hat – im Verhältnis zu dem »normalen« Einkaufspreis.

Dass er das Produkt im Grunde genommen nicht benötigt, entgeht ihm dabei völlig. So erstand mein Schnäppchenjäger kürzlich ein gebrauchtes Motorrad, aber mit nagelneuem Zubehör, denn einen gebrauchten Helm findet man selten. Die Fahrschulstunden für den Motorrad-Führerschein erstand er über eine Newsletter-Plattform. Auch hierbei handelte es sich um ein Schnäppchen, das versteht sich von selbst.

DIE KREDITKARTE

Die Kreditkarte erlaubt es heute jedem, ständig und überall zuzuschlagen, sie ist die ultimative Verführung. Speziell Kinder und Jugendliche wissen damit kaum umzugehen. Wenn ich es vermeiden könnte, würde ich noch heute ohne Kreditkarte auskommen. Aber bei Hotelrechnungen etwa oder im Falle eines Mietwagens führt kein Weg mehr daran vorbei.

Also pilgerte auch ich eines Tages zu meiner Hausbank, um das wertvolle Stück Plastik in meinen Besitz zu bringen.

Was aber geschah hier? Nun, der Bankangestellte machte mich zunächst mit leuchtenden Augen auf die zahlreichen Vorteile einer Kreditkarte aufmerksam. Glücklich, als hätte er den Coup selbst erfunden, erzählte er mir von den unterschiedlichen Zusatzleistungen, den Versicherungsofferten, den Reisevorteilen, dem Buchungsservice bei Theaterkarten, den freien Reisemeilen und so weiter und sofort.

Sie verstehen? Alles lief darauf hinaus, dass der Kunde kaufen, kaufen, kaufen sollte. Er musste dazu mit dem Gefühl versorgt werden, mit einer bestimmten Kreditkarte ein echtes *Schnäppchen* zu machen! Man musste ihm den Bären auf die Nase binden, dass er ein ganz famoser, kluger Zeitgenosse war, wenn er dieser oder jener Karte den Vorzug gab.

Auf die Möglichkeit, besser gar nicht einzukaufen, weist natürlich keine Kreditkarte hin.

Der Bankangestellte berichtete mir also mit verklärtem Gesicht von den Vorteilen – bei der Buchung eines Fünf-Sterne-Hotels etwa. Auch auf die Möglichkeit eines hohen Kreditrahmens wies er hin.

Als ich ihn vorsichtig darüber aufklärte, dass ich zu meinem Glück weder ein Fünf-Sterne-Hotel bräuchte noch einen hohen Kreditrahmen, geriet seine Welt einen Augenblick lang ins Wanken. Dann erklärte er mit rudernden Armen, dass ich durchaus für einen hohen Kreditrahmen »qualifiziert« sei! Ich staunte nicht schlecht! Man »qualifizierte« sich also dafür, dass einem das Geld aus der Tasche gezogen wurde! Das erinnerte mich an eine alte Witzfrage. Sie lautet: Wissen Sie, warum Robin Hood den Reichen das Geld stahl? Nein? Nun, die Antwort lautet: Die Armen hatten keins!

Ich war also dafür »qualifiziert«, mich in den Konsum hineinschwatzen zu lassen und mir unnötige Dinge anzuschaffen. Ich war dafür »qualifiziert«, mich mit hohen und höchsten Zinsen ausnehmen zu lassen wie eine Weihnachtsgans.

Was sind nun die Konsequenzen aus all diesen Erkenntnissen?

SETZEN SIE DEN ROTSTIFT AN!

Realisieren Sie bitte, dass Sie heute in einem atemnehmenden Ausmaß in den Konsum hineinmanipuliert werden. Ich empfehle Ihnen deshalb, als Erstes Ihre Kontoauszüge einmal *sehr* genau unter die Lupe zu nehmen. Gehen Sie jede Ausgabe durch, alle Ausgaben der letzten drei Monate! Überlegen Sie dabei, ob die diversen Ausgaben wirklich lebensnotwendig waren oder nicht. Besonders Ausgaben, die »regelmäßig« und »automatisch«

anfallen, sind genau in Augenschein zu nehmen, denn auf keine Art und Weise verlieren Sie schneller Geld!

Beurteilen Sie alle Ausgaben so emotionslos wie möglich und teilen Sie sie in zwei Kategorien ein:

Brauche ich sie zum Überleben? Brauche ich sie nicht zum Überleben?

Setzen Sie dann den Rotstift an. Sie werden staunen, mit welch einer Summe Sie schlussendlich auskommen können.

Als ich ehemals so vorging, stellte ich fest, dass ich tatsächlich nicht mehr als 1.000 € pro Monat benötigte.

Und heute? Nun, selbst ein Auto besitze ich nicht privat, es läuft über meine Firma. Reisen kann ich ebenfalls entsprechend absetzen, da sie beruflicher Natur sind. Privat gehe ich dann gerne essen, wenn der Spaß mit einem Geschäftstermin verbunden ist. Auch das kann ich von der Steuer abzwacken. Und so erkennt man sehr schnell, wie klug es ist, selbstständig zu sein.

Aber was spricht eigentlich dagegen, dass Sie nicht ebenfalls ein Geschäft eröffnen und sich selbstständig machen – vielleicht nebenberuflich am Anfang?

DIE FALLGRUBEN

Die Fallgruben, in die Sie hineinpurzeln können, wenn es um Ausgaben geht, sind so zahlreich, dass ich sie unmöglich alle auflisten kann. Ich möchte Ihnen nur noch ein letztes Beispiel aus einem ganz anderen Bereich vorführen, aus dem sich jedoch ebenfalls eine wichtige Erkenntnis gewinnen lässt:

Kürzlich suchte ich einen persönlichen Assistenten auf 450-€-Basis. Er sollte von zu Hause aus für mich arbeiten. Das hat generell den Vorteil, dass nur geringe Kosten anfallen. In Zeiten der Globalisierung und des Internets bietet sich diese Vorgehensweise an.

Ich entwarf also ein entsprechendes Stellenangebot und postete es auf meiner Facebook-Seite. Schon bald antwortete mir ein Freund und fragte mich per SMS, ob der Job noch zu haben sei. Er teilte mir mit, dass seine Frau einen Zusatzjob stemmen wolle, denn sie kämen so nicht über die Runden, alles sei so teuer.

Da es sich um einen guten Bekannten handelte, interessierte mich der Fall. Ich grub also spaßeshalber etwas tiefer.

»Was ist denn so teuer?«, fragte ich als erstes scheinheilig.

»Wir zahlen 480 € allein für die Betreuung unserer Tochter, für eine Tagesmutter!«, antwortete mein Freund nach einer Weile aufgebracht.

Ich fragte unschuldig zurück: »Gibt es denn keine Alternative?«

»Doch!«, antwortete mein Bekannter. ».Aber alle anderen billigeren Tagesmütter sind nicht bereit, schon um 6.30 h bei uns anzutanzen, sie bestehen darauf, den Job erst ab 7.00 oder 8.00 Uhr anzutreten. Aber wir sind beide angestellt und müssen bereits um 6.30 aus dem Haus. Wir könnten 200 € einsparen, wenn wir erst um 7.00 Uhr aufbrechen müssten!«

»Bestünde nicht die Möglichkeit, die Arbeitgeber zu fragen, ob es möglich ist, eine halbe später Stunde anzufangen – und dafür eine halbe Stunde länger zu arbeiten?«, fragte ich.

Eine lange Pause folgte am anderen Ende. Das virtuelle Gespräch stockte an dieser Stelle. Offenbar war mein Freund nicht bereit, etwas in seinem Leben zu ändern und eine Winzigkeit zu wagen. Und so empfahl ich ihm schließlich:»Ihr müsst zwei Dinge ändern. 1. müsst Ihr mehr Geld verdienen. Sucht Euch neue Jobs oder macht Euch selbstständig. 2. müsst Ihr Eure Ausgaben radikal kürzen.« (Beide rauchten, wie ich wusste, sie unterhielten gleich zwei Autos, bezahlten eine zu hohe Miete, kauften ungünstig Lebensmittel ein und sofort.). Den 3. Punkt verkniff ich mir: Das geschickte Investieren. Es wäre an dieser Stelle einfach zu viel auf einmal gewesen.

Wieder folgte eine lange Pause auf meine Empfehlungen hin. Dann schrieb mir mein Freund:»So einfach, wie sich das anhört, ist es nicht!«

»Wer sagt denn, dass es einfach ist?«, stellte ich die Gegenfrage.

BEOBACHTUNG: DAS BESTE TRAINING

Tatsächlich könnten Sie sich selbst einem interessanten Training unterziehen. Nehmen Sie zunächst die unnützen Ausgaben *anderer* in Augenschein. Stellen Sie sich dann im Geiste vor, was Sie an deren Stelle ändern würden. Eine solche Vorgehensweise schärft den Blick für Möglichkeiten, und es ist leichter, zunächst etwas an seinen Mitmenschen zu kritisieren als sich sofort an die eigene Nase zu fassen.

Auch ich ging ähnlich vor: Ich kenne ein »renommiertes« Maklerunternehmen in meiner Region, welches Unsummen in die Werbung steckt, teure Büros unterhält, zu viele Mitarbeiter beschäftigt und ein Vermögen für Imageanzeigen ausgibt. Aber ich weiß aus »gut informierter Quelle«, wie das Journalisten so schön unverbindlich nennen, dass es diesem Unternehmen finanziell grottenschlecht geht.

Wenn ich all dies vor Augen habe, fällt es mir leichter, meine eigenen Fehler zu sehen.

Grundsätzlich gilt immer dies: Fangen Sie klein und bescheiden an, »Jrrooss kommt von alleene«, wie das der Berliner so schön ausdrückt.

Verfallen Sie nicht der Megalomanie, dem Größenwahn, diesen sollte man Cäsaren überlassen. Geben Sie nie Geld aus, das Sie nicht besitzen.

Investieren Sie nur, wenn tatsächlich am Boden Ihres Geldsäckchens etwas übrig geblieben ist. Bleiben Sie außerdem stets zahlungsfähig. Und überlegen Sie es sich vor allem genau, wie Sie sparen, sparen, sparen können.

Dann erst können Sie daran denken, so zu investieren, dass sich schließlich ein zusätzliches *passives Einkommen* aufbaut, ein zweites Einkommen.

Nichts ist angenehmer!

Lassen wir die Katze aus dem Sack.

Kapitel 6
DER ERSTE GROSSE SCHRITT NACH VORN: DAS PASSIVE EINKOMMEN

Zunächst eine kleine Definition: Als *passives Einkommen* bezeichnet man ein Einkommen, welches Sie aus Ihren Investments allein generieren und wofür Sie nicht mehr aktiv arbeiten müssen. Ein passives Einkommen erhalten Sie etwa aus Miet- oder Zinseinnahmen, aus Aktien-Dividenden und so weiter. Passive Einkommen sind also das bestrickendste, erfreulichste Thema, das Sie sich vorstellen können, Sie befinden sich gewissermaßen im Märchenland. Anbei eine kleine (unvollständige) Aufstellung möglicher passiver Einkommensquellen:

1. Vermietung und Verpachtung:
   ➤ Immobilien

   ➤ Gegenstände

   ➤ Werbeflächen

   ➤ Lagerflächen

   ➤ KFZ-Stellplätze

2. Geschäftliche Aktivitäten:
   ➤ Firmenbeteiligungen

   ➤ Franchising

   ➤ Bücher

➤ Brettspiele

➤ Werbeeinnahmen (etwa durch Blogs im Internet)

➤ Computerprogramme (Spiele, Anwendungs-Software, Tools)

➤ Internetseite mit Werbeeinnahmen

➤ Mitgliedsbeiträge/Nutzungsgebühren/Patente

➤ Provisionen (Network-Marketing)

➤ Automaten

➤ Copyrights auf Musik

3. Wertpapiere/Aktien
Nutzen Sie diese kleine Aufzählung auch als Ideenlieferant!

Sicherlich könnte man noch weitere lukrative passive Einkommensquellen aufzählen. Ergänzen Sie die Liste also nach Bedarf. Das ist jedenfalls das Wild, dem Sie als Investor hinterherjagen.

Ich persönlich bevorzuge Immobilien, weil man Immobilien sehr gut steuern kann. Man ist berechtigt, sogar die Einnahmen zu erhöhen, durch marktangepasste Mieten etwa, man kann die Mieter selbst aussuchen und man kann sie als Sicherheit einsetzen – Banker lieben regelmäßige Zinszahler, denn ein Mieter ist ja nichts anderes als eine Person, die regelmäßig (Miet-)Zins entrichtet. Weiter bieten Immobilien viele steuerliche Vorteile.

Auch Aktien und Firmenbeteiligungen sind höchst interessant.

Gelegentlich raten Profiinvestoren an, in Edelmetalle zu investieren, in Gold oder Silber etwa. Edelmetalle bieten eine gewisse

Sicherheit im Falle einer galoppierenden Inflation oder in anderen Notsituationen. Dann sind Investoren mit Gold (oder geschickt eingekauften Edelsteinen) die großen Gewinner. Aber der Nachteil des Goldes besteht darin, dass man dadurch kein echtes passives, regelmäßiges Einkommen erzielt.

FINANZIELLE UNABHÄNGIGKEIT: DIE WAHRE DEFINITION

Es existieren unterschiedliche Definitionen, was die viel gerühmte »finanzielle Unabhängigkeit« oder die »finanzielle Freiheit« angeht. Meine persönliche Definition von finanzieller Unabhängigkeit lautet wie folgt:

Finanzielle Unabhängigkeit **ist dann gegeben, wenn die passiven Einkünfte die persönlichen Ausgaben übersteigen. Wenn passive Einkünfte zudem dazu benutzt werden können, sein Geld systematisch zu vermehren, so kann man von einer vollständigen *finanziellen Unabhängigkeit* sprechen.**

Füllen wir das Ganze mit ein wenig Fleisch: Die konkrete Summe in puncto finanzieller Unabhängigkeit sieht bei jeder Person anders aus. Ein Schnäppchenjäger, der eine sehr hohe Sparrate für private Rentenversicherungen hat, einen Zweitwagen fährt sowie zusätzlich mit einem Motorrad durch die Gegend jagen muss und der drei Kinder zu füttern hat, erreicht die finanzielle Unabhängigkeit vielleicht erst bei 5.000,- €/ pro Monat. Die vollständige finanzielle Unabhängigkeit würde dann mit 7.000,- €/ pro Monat beispielsweise angesetzt werden müssen, was das passive Einkommen angeht.

Wenn Sie also hohe persönliche Ausgaben haben, dann brauchen Sie sehr einfach auch hohe passive Einkünfte, um finanziell unabhängig zu sein. Wenn Sie jedoch bescheiden leben, kein Motorrad besitzen sowie keine hohen Belastungen für private Rentenversicherungsbeiträge haben und so weiter, so sind Sie vielleicht schon mit einem passiven Einkommen von nur 1.000,- €/ pro Monat aus dem Schneider. Mit einem passiven Einkommen von 3.000,- €/ pro Monat sind sie dann sogar finanziell vollständig unabhängig.

DIE AKTIVE SEITE DES PASSIVEN EINKOMMENS

Wenn man von *passivem Einkommen* spricht, so muss man sich selbstredend vergegenwärtigen, dass selbst ein passives Einkommen nie wirklich vollständig »passiv« ist. Passives Einkommen zu generieren, erfordert meist nicht nur Geld, es verlangt Ihnen zudem einen gewissen Zeiteinsatz ab.

Zunächst einmal müssen Sie sich darum kümmern, überhaupt ein intelligentes Investment zu finden. Sie brauchen zudem Zeit, um Ihr Investment wie ein Luchs zu beobachten. Wenn Sie beispielsweise ein Mehrfamilienhaus besitzen und der Mieter ruft sie plötzlich an, weil der Wasserhahn tropft oder weil das Fenster klemmt, so investieren Sie ebenfalls Zeit. Auch wenn Sie die »richtigen« Aktien auswählen, so geht das nicht von heute auf morgen. Zudem müssen Sie die Aktien ständig im Auge behalten, um den richtigen Zeitpunkt für den Ein- und Ausstieg zu finden. Sie müssen sich mit anderen Worten regelmäßig mit der Materie auseinandersetzen, um Ihre Investments zu steuern. Selbst ein Buch verkauft sich nicht von selbst. Wenn der Autor durch Nichtstun glänzt, sich nicht rührt, nur auf die Aktivitäten des Verlags baut und annimmt, er brauche nur den Schlaf des Gerechten schlafen, so liegt er falsch. Ein Buch muss auf Seminaren vorgestellt werden, es muss systematisch beworben werden, andere Meinungsführer sollte man einbinden und so weiter. Wer also glaubt, man könne einfach ein Investment auswählen, das Geld auf den Tisch des Hauses knallen und sich danach auf die faule Haut legen, der irrt.

Dennoch ist das passive Einkommen natürlich das Nonplusultra – im Verhältnis zu der tagtäglichen Maloche in einem »Hamsterrad«. Außerdem besitzt das passive Einkommen einen weiteren unschlagbaren Vorteil: Wenn Sie ein wenig pfiffig sind, können Sie dafür sorgen, dass Ihr Einkommen mit der Zeit *gewaltig* ansteigt – wenn, ja wenn Sie nur einen einzigen Fachausdruck vollständig verstehen und die Konsequenzen daraus ziehen.

INVESTMENTSCHULDEN UND DER LEVERAGE-EFFEKT

In einem früheren Kapitel habe ich bereits darauf hingewiesen, dass es nur eine einzige Form von Schulden gibt, die man tolerieren kann. Diese Schulden könnte man als »Investmentschulden« bezeichnen. *Investmentschulden* taugen jedoch nur dann etwas, wenn die Einnahmen aus dem Investment höher liegen als die Ausgaben dafür – bei der Immobilie sprechen wir hier von den gesamten Finanzierungskosten, inklusive der Tilgung *plus* Rücklagen für gewisse Eventualitäten. Dann und nur dann kann man sich mit Investmentschulden anfreunden. In diesem angenommenen Idealfall öffnet sich aber auf einmal Tür und Tor.

Warum? Nun, Sie können jetzt mit dem sogenannten *Leverage-Effekt* arbeiten. *Leverage* bedeutet wörtlich *Hebel*, man könnte also auch von einer *Hebelwirkung* sprechen.

Kurz gesagt bedeutet dieser geheimnisvolle Ausdruck, dass man mit Hilfe von fremdem Geld noch *weitaus* höhere Einnahmen generieren kann. Wenn Sie sich also Geld leihen, mit fairen Zinsen, dann können Sie dafür sorgen, dass Ihr Eigenkapital, welches Sie einsetzen, noch *sehr viel* höhere Gewinne abwirft.

Ein Beispiel: Nehmen wir an, Sie verfügen über 100.000,- € Eigenkapital, um eine Eigentumswohnung zu kaufen. Da Sie ein Fuchs sind, erhalten Sie beispielsweise aufgrund der Vermietung abzüglich aller Kosten eine Verzinsung von 5 % auf eben dieses Eigenkapital – nehmen wir das der Einfachheit halber an.

Obwohl Sie klug eingekauft haben, gilt der Satz:

Ohne fremdes Geld ist die Verzinsung niedrig.

Betrachten wir nun ein Beispiel mit dem Leverage-Effekt:

In diesem Fall stehen Ihnen ebenfalls 100.000,- € Eigenkapital zur Verfügung, um ein Investment zu tätigen. Mit diesen 100.000,- € pilgern Sie jetzt jedoch zu einer Bank, leihen sich fremdes Geld und erstehen ein Mehrfamilienhaus mit *zehn* Wohnungen für 800.000,- €. Verlieren wir uns nicht in Details. Abzüglich aller Kosten erhalten Sie dann aufgrund der weit höheren Mieteinnahmen eine Verzinsung von beispielsweise 25 % auf Ihr eingesetztes eigenes Geld! Es gilt der Satz:

Mit fremdem Geld ist die Verzinsung hoch.

Erkennen Sie die gewaltigen Perspektiven, die sich aus diesem unschuldigen Begriff »Leverage-Effekt« ergeben?

DER PFERDEFUß– UND WIE MAN SEINEM TRITT AUSWEICHT

Wichtig ist es, dass Sie bei diesem Spiel gleichzeitig hohe Rücklagen bilden. In Bezug auf Immobilien gilt dies: Unerwartet können sich die Gesetze ändern, der Staat führt zum Beispiel von heute auf morgen eine neue Mietobergrenze ein. Oder aber der Gesetzgeber lässt sich aus heiterem Himmel eine neue Eigentümerpflicht einfallen. In beiden Fällen stehen Sie ohne hinreichende Rücklagen schlecht da. Kürzlich erblickte etwa in Deutschland eine neue Trinkwasserverordnung das Licht der Welt. Vermieter waren von einem Moment auf den anderen gehalten, das Wasser auf sogenannte *Legionellen* (= schädliche Bakterien im Leitungswasser) hin zu überprüfen. Also mussten auf Kosten des Eigentümers Wasserentnahmestellen an den Heizungsanlagen installiert werden. Das Wasser selbst wurde auf Kosten des Mieters untersucht. Sofern das Wasser Legionellen enthielt, stand jedoch erneut der Vermieter in der Pflicht, die Ursachen zu finden und zu beheben. Dies kostete im Fall des Falles sofort unerwartet mehrere Tausend Euro.

Mein Tipp: Wenn sie eine Immobilie besitzen, dann sollten Sie mindestens 10 % des Immobilienwertes an Rücklagen auf dem Konto haben, um im Notfall handeln zu können.

Weiter muss man sich als Eigentümer der Tatsache bewusst sein, dass Immobilienpreise nicht nur steigen, sondern manchmal auch sinken können. Das ist ein weiterer Grund, über genügend flüssige Rücklagen zu verfügen. Und schließlich sollten Sie Ihre Immobilienschulden schnell tilgen. Das besitzt den Vorteil, dass Sie sich wirklich absichern!

Vorsicht müssen Sie schließlich auch walten lassen, was sogenannte Immobilienblasen angeht, wie das zurzeit (2013) in Hamburg und München meiner Meinung nach der Fall ist. Stürzen Preise aber plötzlich in den Keller, haben Sie als Immobilieneigentümer das Nachsehen. In der Regel verfügt die Bank über die Möglichkeit, eine sogenannte Nachsicherung für die Immobilie zu verlangen. Wenn Sie in dieser Beziehung passen müssen, dann bricht Ihr mühevoll aufgebautes Investment-Kartenhaus zusammen! Also: Wenn Sie Eigentümer einer Immobilie sind und Ihre Immobilie finanziert haben, dann studieren Sie auch das berühmte Kleingedruckte Ihres Darlehensvertrages. Üblicherweise finden Sie hier den Punkt »Nachsicherung«. Dort heißt es zum Beispiel: Nachsicherung

Die Bank ... kann vom Darlehensnehmer die Bestellung oder Verstärkung von Sicherheiten für das Darlehen verlangen, wenn sich auf Grund nachträglich eingetretener oder bekannt gewordener Umstände, z.B. auf Grund einer Verschlechterung oder drohender Verschlechterung der wirtschaftlichen Verhältnisse des Darlehensnehmers, eines Mithaftenden oder eines Bürgen oder des Werts der im Vertrag vorgesehenen, zu bestellenden Sicherheiten einer Veränderung der Risikolage ergibt ...

Banken sichern sich in alle Richtungen hin ab. Sie kennen das Geschäft buchstäblich seit Jahrhunderten. Sie sorgen dafür, dass Ihnen im Ernstfall nicht der Schwarze Peter zugeschoben wird. Und so geraten Sie schnell in Teufels Küche, wenn Sie zu 100 % auf Banken bauen. Die einzige sicher helfende Hand, sagte einmal ein begabter Spötter, findet man nur am Ende des eigenen Arms.

Weiter kennen Banken eine sogenannte »Auskunftspflicht«, Sie können sich also nicht hinter den Rechten eines Privatmannes verschanzen, wenn die Bank von Ihnen in pekuniärer Hinsicht etwas wissen will. Darüber hinaus können Banken noch auf ein paar andere Pflichten des Darlehensnehmers verweisen, welche ebenfalls in Paragrafen geregelt ist, womit ich Sie aber im Moment nicht traktieren will.

Kurz und gut bedeutet der gesamte Spaß im Klartext, dass Ihre Bank ohne Weiteres zusätzliche Sicherheiten von Ihnen verlangen kann, sollten Sie beispielsweise arbeitslos geworden sein.

Erneut gilt: Wie schön ist es, selbstständig zu sein, denn dann bestimmt niemand über Ihr berufliches Schicksal.

DAS HALB VOLLE GLAS

Nun will ich Ihnen aber nicht die gute Laune verderben. Sie wissen sicher, dass der Pessimist ein Glas, das zur Hälfte gefüllt ist, immer als halb leer bezeichnet, der Optimist dagegen als halb voll. Natürlich gibt es 1001 Möglichkeiten, zu scheitern, es gibt 1001 Unwägbarkeiten, aber es ist unklug, sich darauf zu konzentrieren und seine gesamte Welt von Ängsten beherrschen zu lassen. Sorgen Sie vor, dass Ihnen keine groben Fehler unterlaufen, aber realisieren Sie auch, dass es die todsichere Investmentstrategie nicht gibt, also eine Strategie, die immer und zu 100 % zum Erfolg führt. Und es gibt unterschiedliche Affinitäten. Der eine Investor liebt Immobilien, der andere hasst sie. Der eine Anleger liebt Aktien, der andere Firmenbeteiligungen.

Persönlich bin ich ein Freund des gesunden Mittelmaßes, wie das schon Aristoteles forderte, der den »goldenen Mittelweg« freilich in Bezug auf ein vernünftiges Leben postulierte. Ich glaube, dass es klug ist, seine Risiken zu streuen und nicht alle Eier in einen Korb zu legen. Es gibt weiter ein gesundes Mittelmaß zwischen den Rücklagen, der Tilgung und der guten Verzinsung des eingesetzten Eigenkapitals – die man mithilfe fremden Geldes und dem Leverage-Effekt erzielt.

Jeder besitzt sein eigenes Tempo, das ihm behagt, seine eigene Ideen und seine eigene Risikotoleranz.

MEIN ERSTER TRIUMPH

Sie können sich kaum vorstellen, wie ich mich fühlte, als ich meine erste passive Einnahme auf dem Konto sah – es handelte sich um eine Mieteinnahme. Übervorsichtig hatte ich Staffelmiete vereinbart und gefühlte hundert Zusatzklauseln aufgesetzt und in den Standard-Mietvertrag eingearbeitet.

Scheinbar hatte ich mich nach allen Seiten hin abgesichert.

Ich war stolz wie Oskar auf meine vermeintliche Cleverness. In meiner Rechnung blieb indes nur ein echter monatlicher Cashflow von 100 € übrig, nach Zins und Tilgung. Jetzt rechnen Sie noch die Verwalter- sowie die Instandhaltungskosten hinzu, weiter die Versicherung gegen Mietausfall – und Sie erkennen sehr rasch, dass dies nicht gerade ein Jahrhundertdeal war. In der Eigentümerversammlung wies außerdem ein gewisser Herr Käselow darauf hin, dass die Instandhaltungsrücklage innerhalb der Eigentümergemeinschaft für das gesamte Haus deutlich zu niedrig lag. Ich setzte mich forsch dafür ein, die Instandhaltungsrücklage zu erhöhen. Und siehe da: Aus meinen 100,- € positivem Cashflow wurde sogar ein negativer Cashflow in Höhe von 20,- € monatlich.

Da man nur aus Fehlern lernt, bin ich inzwischen ein wenig klüger. Aber selbst heute ergreift mich jedes Mal, wenn ich eine neue Immobilie mein Eigen nenne und den Eingang meiner ersten neuen Mieteinnahmen auf meinen Online-Banking-Account sehe, ein erhebendes Gefühl. Und da ich inzwischen aus meinen Anfangsfehlern gelernt habe, gibt es inzwischen keinen Wermutstropfen mehr. Ich erziele mittlerweile einen ansehnlichen positiven Cashflow aus allen meinen Geschäften. Da ich außerdem rasch tilge, weiß ich, dass ich im Schlaf reich werde, denn mein Vermögen vermehrt sich dadurch automatisch.

Wer einmal dieses Gefühl gespürt hat, der hört nicht mehr auf zu investieren. Es ist wie eine Sucht!

Kapitel 7
DIE HOHE SCHULE DES ZEITMANAGEMENTS

An dieser Stelle möchte ich kurz ein Thema ansprechen, dass von Bedeutung ist, wenn Sie ein professioneller Investor werden wollen. Ich spreche vom Zeitmanagement.

Auch hierüber gibt es zahlreiche Theorien. Während eines betriebswirtschaftlichen Studiums lernen Sie beispielsweise das Eisenhower-Prinzip kennen, das darin besteht, zwischen wichtig und unwichtig zu unterscheiden, was vernünftig ist, gleichzeitig aber auch zwischen dringlich und nicht dringlich, wobei selbst eine dringliche Aufgabe als unwichtig eingestuft werden kann.

Sind Sie genau so irritiert wie ich? Eine Aufgabe, die nicht dringend, aber wichtig ist, ist meiner Meinung nach ein Widerspruch in sich selbst. Verflixt, entweder sie ist wichtig, dann erledige ich sie zügig – oder sie ist eben nicht von Bedeutung, dann kann ich sie auch ignorieren.

Im Rahmen des Eisenhower-Prinzips werden darüber hinaus einige Aufgaben als *nicht dringend* und *nicht wichtig* beschrieben, trotzdem wird darauf bestanden, sie zu erledigen. Erneuter Einspruch! Ich halte dafür, etwas, was nicht dringend und nicht wichtig ist, unmittelbar dem Papierkorb zu überantworten.

US-Präsident Dwight D. Eisenhower (1890–1969), während des Zweiten Weltkrieges Oberbefehlshaber der alliierten Streitkräfte in Europa, benutzte wahrscheinlich selbst nie das nach ihm benannte Prinzip, vermute ich einfach mal ketzerisch.

Kurz und gut, wieder kann man in die »akademische Falle« stolpern, die darin besteht, alles möglichst kompliziert darzustellen, wobei der gesunde Menschenverstand aber auf der Strecke bleibt.

Was also müssen Sie wirklich wissen?

PRIORITÄTEN SETZEN

Es reicht völlig aus, wenn Sie Prioritäten setzen. Unwichtiges sollte, wie gesagt, gleich in den Papierkorb wandern. Grundsätzlich erledigen Sie immer das Wichtigste zuerst, so einfach ist der Spaß. Prioritäten setzt man, indem man nie das *Ziel* aus dem Auge verliert, das man verfolgt. Da es unterschiedliche Ziele gibt, existieren auch unterschiedliche Prioritäten.

Für einen hoffnungsfrohen Investor, der beispielsweise gerade brennend daran interessiert ist, ein Filet-Immobilienstückchen aufzutun, besteht die erste Priorität natürlich darin, sich umzuschauen. Und so besteht in diesem konkreten Fall meine wichtigste Aktivität darin, bemerkenswerte Objekte ausfindig zu machen und sie durchzukalkulieren.

Wie gehe ich dabei vor? Nun, oft sitze ich bis tief in die Nacht mit meinem Notebook auf der Couch und durchforste Immobilienangebote im Internet. Offen gestanden bringt mir das einen Heidenspaß. Sogar wenn ich bereits im Bett liege, kalkuliere ich noch einige Angebote im Geiste weiter durch. Morgens greife ich als Erstes zu meinem Handy und öffne die Taschenrechner-Funktion. Nun kalkuliere ich konkreter, mit handfesten Zahlen, während ich manchmal noch im Halbschlaf benommen im Bett liege, aber die Investorenleidenschaft geht mit mir einfach durch. Ich untersuche vor allem die Rentabilität bei den in Frage kommenden Immobilien, betrachte das passive Einkommen, das ich kreieren könnte, und untersuche, ob bei einer

Immobilie die Mieteinnahmen steigerungsfähig sind oder nicht. Danach sortiere ich die Guten ins Töpfchen und die Schlechten ins Kröpfchen.

Für die »Brautschau« nehme ich mir also alle Zeit der Welt.

Womit wir erneut bei dem Wörtchen Zeit sind.

ÜBERFLUSS AN ZEIT

Es ist nicht wenig Zeit, die wir haben, sondern es ist viel Zeit, die wir nicht nutzen, sinnierte einst der römische Philosoph Seneca in seinem Werk »Von der Kürze des Lebens«, und er hat Recht. Wenn wir also behaupten, wir hätten keine Zeit für eine Aktivität, so bedeutet das lediglich, dass wir einer anderen Angelegenheiten offensichtlich den Vorzug geben.

»Keine Zeit zu haben« bedeutet immer, »Zeit für etwas anderes zu haben«, denn jeder von uns entscheidet Tag für Tag, was er mit seiner Zeit anfängt. Und so belügen wir uns oft genug selbst und gestehen uns nicht ein, dass wir uns die Zeit für bestimmte Dinge einfach nicht *nehmen*. Es wäre also ehrlicher, wenn wir ein Angebot ausschlagen, zu sagen: »Ich habe keine Lust!«, als zu flunkern und zu sagen »Ich habe keine Zeit.« Man würde auf diese Weise zwar Gefahr laufen, Freunde zu verlieren, aber es wäre eine ehrlichere Antwort.

Wir alle besitzen tatsächlich einen Überfluss an Zeit, was eine enorm gute Nachricht ist. Noch einmal: Zeit muss man sich *nehmen*.

ZEITFALLEN UND ZEITFRESSER

Zugegebenermaßen gibt es jedoch auch so etwas wie *Zeitfallen* oder *Zeitfresser*. Worum handelt es sich hierbei? Nun, wir sprechen in diesem Fall von Methoden, seine Zeit sinnlos zu verplempern. Das Internet selbst bietet reiches Anschauungsmaterial hierfür. Man kann auf dieses und jenes klicken und problemlos Stunden um Stunden vergeuden. Auch das TV ist eine Zeitfalle. Und sogar bestimmte Menschen sind personifizierte Zeitfresser.

Ich erinnere mich an die folgende Situation, einer meiner Freunde feierte seinen 30. Geburtstag. Bei uns im hohen Norden ist es zum 30. Geburtstag Brauch, einen unverheirateten Mann an einem öffentlichen Schauplatz Bier-Kronkorken fegen zu lassen. Der Volksglaube besagt, dass Menschen, die sich zu Lebzeiten nicht fortgepflanzt haben, dazu gezwungen sind, nach ihrem Tod im Jenseits unnötige Arbeiten zu verrichten. Da nun die »Lebens-Abschnitts-Gefährtin« meines Freundes ihn unbedingt zu diesem Brauch bewegen wollte, sollten eine Menge Kronkorken gesammelt werden. Sie betrieb einen Riesenaufwand. Ihr Freund sollte als Matrose verkleidet zuerst die Bier-Kronkorken, die sie auf dem Boden verstreuen würde, zusammenfegen, nur mit einem kleinen »Pinsel« bewaffnet. Daraufhin würde er einen Handfeger gewinnen, sodass er in der zweiten Runde noch besser zu fegen imstande wäre. Am Schluss, nach der fünften Runde, so die Spielregel, würde er einen richtigen »Straßenfeger-Besen« gewinnen. Das Spiel dauert so lange, bis ihn eine Jungfrau küsst. Soweit so gut!

Da unsere Mademoiselle jedoch über keine Bier-Kronkorken verfügte, beschloss sie, alle möglichen Freunde einzuspannen, die ihr diese Kronkorken besorgen sollten. Weiter fuhr sie selbst von Pontius zu Pilatus, um Kronkorken aufzutreiben. Sie klapperte sogar verschiedene Kneipen ab. Überdies telefonierte sie mit zahlreichen Kontaktstellen. Sie opferte auf diese Weise wenigstens zehn Stunden, wenn nicht mehr, nur um die blödsinnigen Kronkorken einzusammeln. Sie verplemperte hierfür also Benzingeld, Öl für das Kfz und trug zu dem Kfz-Verschleiß bei, von den Telefonkosten ganz zu schweigen. Weiter besaß sie das Talent, auch andere mit ihrer Idee zu traktieren.

Auch mich sprach sie an. Aber ich konnte dem Spaß wenig abgewinnen. Schließlich schickte ich ihr humorvoll einen Link per E-Mail über ein Angebot bei Ebay, bei dem man fünf Kilogramm Bier-Kronkorken für schlappe zehn Euro erstehen konnte.

Abgesehen davon, dass das Spiel zwar belustigend war und mein Freund gefegt hat wie ein Weltmeister, war sie ein Genie darin, während der Vorbereitung Zeit zu vergeuden und sogar darauf hinzuarbeiten, dass andere ebenfalls ihre Zeit verplemperten.

ZEITERSCHAFFER

Viele Menschen nutzen selbst Autofahrten, um wichtige Telefonate zu führen. Auch mein derzeitiges Büro befindet sich quasi überall. Ich brauche lediglich mein Handy und gelegentlich meinen Laptop. Ich kann also fast alle Büroarbeiten von unterwegs aus erledigen.

Uns allen steht sehr viel mehr Zeit zur Verfügung, als wir es uns selbst eingestehen!

Einer meiner erfolgreichsten Investorenfreunde lässt sich sogar regelmäßig von einem Chauffeur kutschieren, nur damit er hinten, im bequemen Fond des Wagens, in Ruhe seine Korrespondenz erledigen kann, seine E-Mails und seine Anrufe. Er erschafft aktiv Zeit.

Viele Jungmillionäre etablieren frühzeitig Strukturen, um Zeit für die wirklich wichtigen Dinge zu gewinnen. Die klügste Methode hierfür ist der/die verantwortungsvolle Assistent/in.

Mittlerweile kümmert sich meine Assistentin um die Angelegenheiten meiner Mieter, während ich im Background nur noch die wichtigen Entscheidungen treffe. Die zeitraubenden Arbeiten erledigt sie. Sie setzt sich mit meinen Mietern auseinander, führt Besichtigungen durch, wenn eine Wohnung neu vermietet werden muss, erledigt die laufende Buchhaltung und so fort.

Hierdurch spare ich eine (Un-)Menge Zeit ein, die ich sinnvoller und effektiver nutzen kann – indem ich zum Beispiel ein neues Investmentobjekt ausfindig mache. In solchen Fällen stehen gewöhnlich mehrere 100.000 € auf dem Spiel, auf die gesamte Laufzeit des Darlehensvertrages gerechnet, kein Pappenstiel also. Bestimmte Aufgaben sollte man deshalb nicht delegieren. Um neue Objekte kümmere ich mich aus diesem Grunde stets persönlich. Erstens braucht man für Immobilienschnäppchen einen gewissen »Blick« und zweitens können sich die meisten Menschen nicht wirklich vorstellen, was man aus einem Objekt alles zaubern kann.

Auch Besichtigungen neuer Immobilien, die ich unter Umständen meinem Bestand zufügen will, nehme ich selbst vor, was nicht heißt, das man nicht von Fall zu Fall auch einen Gutachter hinzuziehen sollte.

Mitarbeiter »hebeln« also für Sie Zeit, es handelt sich um eine andere Art von Leverage-Effekt.

Der Clou besteht jedoch darin, nur solche Mitarbeiter einzustellen, die Ihnen wirklich Zeit sparen helfen. Ansonsten bewegt sich der Hebel nach unten beziehungsweise man hebelt sich selbst aus. Arbeiten Sie also nur mit Mitarbeitern, auf die Sie sich zu 100 % verlassen können, und geben Sie sich nie mit

Mitarbeitern ab, die geborene Zeitfresser sind. Stellen Sie weiter nicht zu viele Mitarbeiter an, auch wenn es verführerisch ist, den Chef zu spielen. Falls Sie einen Mitarbeiter nur zehn Stunden pro Woche benötigen, dann stellen Sie keinen Vollzeit-Mitarbeiter ein.

Schlussendlich: *Erziehen* Sie Ihre Mitarbeiter. Obwohl ich ein großer Freund guten Humors bin, teilte mir eine frühere Assistentin anfänglich stets einen Haufen unnötiger Details mit, was Mieter oder Kunden anging. Einige Details waren möglicherweise komisch, aber vieles war überflüssig. Sie hielt mich also in solchen Momenten davon ab, wichtige Aufgaben zu erledigen, die meinem Makler-Unternehmen dienlicher gewesen wären. Anfangs wollte ich nicht unhöflich ihr gegenüber erscheinen und ignorierte diesen Umstand. Doch nach einigen Gesprächen bat ich sie freundlich, bitteschön auf unwichtige Einzelheiten zu verzichten. Es ist mir tatsächlich herzlich gleichgültig, ob einer meiner Mieter oder ein Kunde meiner Firma lieber ein schwarzes oder ein grünes Auto fährt oder ob dieser gerne im Sommer im öffentlichen Schwimmbad baden geht oder das Baden im Meer vorzieht. Die Assistentin verstand – und ich gewann eine Menge Zeit.

All dies gilt es zu berücksichtigen, wenn Sie eines Tages professionell investieren wollen. Verfügen Sie zudem über das Know-how, mit Immobilien »richtig« Geld zu verdienen, kennen Sie also einige Geheimnisse der Branche, die normalerweise nur hinter vorgehaltener Hand weitergegeben werden, so steht nichts mehr im Wege, ganz oben, in der ersten Liga, mitzuspielen.

Wir nähern uns des Pudels Kern.

Kapitel 8
GUT GEHÜTETE GEHEIMNISSE DER IMMOBILIENBRANCHE

Viele Zeitgenossen beißen sich eher die Zunge ab, als echte Geheimnisse, speziell Investmentgeheimnisse, preiszugeben. Ich vertrete genau die gegenteilige Position, und zwar aus mindestens zwei Gründen: Nur wenn man selbst offen redet, nehmen auch (Geschäfts-)Partner kein Blatt vor den Mund, die mitunter auf mich zukommen, um mit mir gemeinsam lukrative Geschäfte zu tätigen. Darüber hinaus taugen selbst Geschäftsgeheimnisse nur im Verbund mit echtem Professionalismus etwas. Trotzdem gibt es so etwas wie gut gehütete Business-Erfolgs-Formeln, wie man das auch nennen könnte, über die selten oder nie offen gesprochen wird.

Setzen wir also einen Gegenpol.

DIE BESTEN IMMOBILIENINVESTMENTS

Zunächst gilt der goldene Satz:

Objekte, die niemand besitzen will, sind in der Regel die besten Immobilieninvestments.

Es ist interessant, dass gewiefte Investoren sich nie um das Aussehen einer Immobilie kümmern, sondern stets nur die nackten Zahlen und Fakten gelten lassen. Sie agieren emotionslos. Objekte, die am schäbigsten aussehen oder heruntergekommen wirken, verbergen oft geheime Schätze zwischen den Ritzen. Die hohe Schule des Investments besteht sehr einfach darin zu erkennen, ob eine optisch elende Immobilie sich schnell und günstig wieder herrichten und aufhübschen lässt oder ob tatsächlich die Substanz hoffnungslos verrottet ist. Von letzteren Objekten lassen Sie unbedingt die Finger.

Trotzdem ist eines richtig: Echte Immobilienschnäppchen werden meist übersehen, weil jeder sie meidet. Wenn Sie also auf eine Wohnung stoßen, in der eine alte chaotische Großmutter wohnt, mit zwanzig Katzen, wo es stinkt wie die Pest, nach toten Vögeln oder nach Urin, dann sollten sie sofort hellwach werden! Der bisherige Eigentümer ist wahrscheinlich froh, dass er überhaupt noch ein paar jämmerliche Euro Miete erhält. Weiter existieren vielleicht aufgelaufenen Mietschulden. Und schließlich wendet sich jeder mit Grausen von einer solchen Eigentumswohnung ab – was Ihr Vorteil ist. Jetzt sollten die Glocken bei Ihnen zu läuten beginnen, denn wahrscheinlich stehen Sie gerade vor einem hoch interessanten Objekt.

Eine andere Gelegenheit mag sich eröffnen, wenn Sie eine Wohnung entdecken, die seit einem Jahr oder länger leer steht. Offenbar lässt jeder die Finger von eben dieser WE. Aber auch diese Wohnung sollten Sie sich anschauen, vielleicht handelt es sich um einen Rohdiamanten. Auch Diamanten sehen im Rohzustand unschön aus, selbst sie müssen erst geschliffen werden. Ähnlich verhält es sich mit Immobilien.

Natürlich müssen Sie schnell in Erfahrung bringen, mit welchen Kosten Sie zu rechnen haben, was die anschließende Sanierung angeht. Holen Sie sich wenigstens drei, idealerweise fünf Angebote ein! Trotzdem sollten Sie darüber hinaus noch Geldreserven einplanen, falls noch weitere Kosten auf Sie zukommen.

Im Übrigen muss Ihnen die WE nicht gefallen, wie schon an früherer Stelle ausgeführt. Sie muss nur verkauft oder vermietet werden können – sie muss *anderen* gefallen.

Im Laufe meines Investmentlebens habe ich schon zahlreiche hässliche Entlein in Augenschein genommen. Einmal bestand das WC aus einem blauen Sitz mit abgebildeten Pinguinen darauf, die Küche war völlig verrottet und stammte offenbar aus dem Ersten Weltkrieg. Die Tapete war hässlich wie die Nacht und besaß den Retro-Look eines früheren Jahrtausends. Verschiedene Tapetenfetzen hingen von den Wänden, die Farben (Boden, Decke, Fenster, Türen) passten so gut zueinander wie auf einem hypermodernen Gemälde und waren genau so verschmiert. Können Sie es sich vorstellen?

Nach der Renovierung besaß die Wohnung neue weiße Fenster und Innentüren, eine Einbauküche und ein nagelneues Bad mit Wand-WC und Handtuch-Heizkörpern. Küche sowie Bad waren mit edlem Naturstein-Boden ausgestattet, da mein eigener Vermieter zufällig mit diesen Natursteinen handelt und ich sie sehr günstig einkaufen konnte. Alle Wohnräume waren neu tapeziert und weiß gestrichen. Moderne Türbeschläge waren angebracht worden. Der Parkettboden in den Wohnräumen sah aus wie aus dem Ei gepellt und war geschliffen und versiegelt.

Um es abzukürzen: Es befanden sich Welten zwischen der damaligen und der heutigen Wohnung. Inzwischen verfüge ich zudem über einen sehr wohlhabenden Mieter, der gerne zentral und »gehoben« wohnt und deshalb auch eine höhere Miete zu zahlen bereit ist. Nach zehn Jahren werde ich diese WE mit gutem Gewinn veräußern.

EIN GEGENBEISPIEL

Im Gegensatz dazu rechnen sich begehrte Immobilien nur selten – Objekte, in denen jeder gerne wohnen würde, weil sie so toll und zum Anbeißen ansprechend aussehen und man sich auf den ersten Blick in sie verliebt. Weiter stoße ich immer wieder im Rahmen meiner Maklertätigkeit auf Vermieter, die viel zu viel Geld für die Ausstattung einer Mietwohnung oder eines Hauses ausgeben – nur weil das Objekt so ausschauen soll, dass sie »selbst dort gerne einziehen« würden.

Kein Fehler könnte eklatanter sein!

Natürlich können Sie beispielsweise für eine Duschkabine weit über 1.000 € ausgeben, was Ihnen jedoch selten gedankt wird. Ich ziehe es vor, keine Duschkabine einzubauen, denn ein Mieter kann sie entweder selbst kaufen oder aber ich erstehe eine Duschkabine für 80 € im Baumarkt. Wenn sie unansehnlich geworden ist, so stört mich das nicht im Geringsten – ich spendiere einfach eine neue Eck-Dusch-Trennwand für 80 €.

Je nach Mietvertrag können Sie sogar Kleinreparaturen bis zu einer bestimmten Höhe auf den Mieter umlegen, wie schon ausgeführt.

Aber unerfahrenen Investoren mangelt es oft am simplen gesunden Menschenverstand. So kenne ich etwa den Eigentümer eines Einfamilienhauses, der eine ganze Latte unwichtiger Punkte unbedingt verändern musste, bevor er sich auf Mietersuche begab. Er gab schon bei der Dusche zu viel Geld aus. Die alte, noch sehr gut aussehende weiße Duschwanne entsorgte er und ersetzte sie durch eine Dusche mit Bodenablauf (eine Dusche ohne Bodenkante, damit älteren Menschen der Duscheinstieg erleichtert wird), obwohl die potenzielle Mieter-Zielgruppe nicht aus Senioren bestand. Die Küche wurde komplett renoviert und sogar ein Durchbruch zum Garten geschaffen (…«damit die Mieter bequemer grillen können …«), wiewohl Senioren statistisch gesehen selten oder nie im Garten grillen, was also zudem inkonsequent gedacht ist.

Ein dunkles, Licht fressendes Nussbaumlaminat in den Wohnräumen fand er weiter todschick, obwohl in den Wohnräumen bereits ein neues Laminat existierte, in einem hübschen, hellen, mieterfreundlichen Ahorn-Farbton. Dann umzäunte der Vermieter auch noch das Grundstück mit einem Holzzaun, er wusste offenbar nicht, dass Holzzäune auf seine Kosten instand gehalten, Hecken jedoch vom Mieter gepflegt werden müssen, sie sind außerdem im Anschaffungspreis günstiger.

Und so ist man versucht, die Kette der Beispiele endlos fortzuführen. Die Wahrheit ist, dass dieser Hauseigentümer seine Immobilie auch ohne eine einzige dieser Maßnahmen leicht hätte vermieten und sogar einen ausgezeichneten Mietpreis hätte herausschlagen können. Sein Engagement wird sich nie bezahlt machen – er wird keinen Cent mehr Miete durch seine Aktivitäten erwirtschaften.

DER TURBO BEIM IMMOBILIENINVESTMENT

Konzentrieren wir uns wieder auf die schöne, die glänzende Seite der Medaille. Da ich selbst nicht nur als Makler, sondern auch als Investor tätig bin, recherchierte ich frühzeitig fleißig, wo und wie man den besten Return on Investment (ROI) erzielt, sprich auf welche Weise man das meiste Geld für seinen Einsatz erhält. Die Antwort? Zinshäuser/Anlage-Immobilien! Neben dem klassischen regionalen Einfamilienhaus vermittele ich deshalb inzwischen bundesweit manchmal auch Anlage-Immobilien – wobei Mehrfamilienhäuser meine Spezialität sind. Warum? In der Regel sind dabei stattliche Mieteinnahmen zu erwarten. Auch ist das Risiko bei der Vermietung geringer. Steht tatsächlich einmal eine Wohnung leer, so ist das nicht weiter dramatisch, weil man den Mietausfall durch die anderen Mieten leicht kompensieren kann. Ideal sind meiner Meinung nach Häuser mit mindestens fünf Wohneinheiten.

Sie müssen sich außerdem mit keiner Wohnungs-Eigentümer-Gemeinschaft (WEG) herumschlagen und können selbst bestimmen, wann und wie Sie etwas sanieren möchten.

Wo und wie sollten *Sie* also beginnen?

DER ANFANG IST DIE HÄLFTE DES GANZEN

Nun, fangen Sie trotzdem an, zunächst kleine Brötchen zu backen, wenn Sie ein Newcomer sind. Später, wenn Sie wissen, wie der Hase läuft, können Sie sich vorsichtig an größere Investments heranwagen und schließlich auch die dicken Fische angeln. Wenn Sie einsteigen, halten Sie sich stets vor Augen, dass es das perfekte Immobilieninvestment nicht gibt. Wenn Sie das hundertprozentig perfekte Investment suchen, laufen Sie Gefahr, sich zu lange mit bloßer Theorie zu beschäftigen aber nie zuzuschlagen, aus Angst vor Fehlern und weil Sie ständig nach einem idealen Objekt Ausschau halten. Aber sie finden es nie. Denn noch einmal: **Das perfekte Immobilieninvestment gibt es nicht.**

Man muss, wie gesagt, bereit sein, Fehler zu machen und darüber hinaus diese und jene Unvollkommenheit bei einem Objekt in Kauf zu nehmen. Rechnen Sie also damit, dass Ihr erstes Immobilienengagement nicht das Gelbe vom Ei ist. Von Bedeutung ist nur, dass sie überhaupt einsteigen. Ich werde an späterer Stelle auf diesen wichtigen Punkt noch einmal zurückkommen.

Achten Sie jedoch, wie bereits erwähnt, immer darauf, rasch zu tilgen und immer zusätzliches Geld zur Verfügung zu haben, falls eben doch einmal etwas anbrennt. Ich sehe zu, dass meine Investments nach etwa 15, spätestens jedoch nach 25 Jahren voll abbezahlt sind. Gewöhnlich tilge ich anfänglich mit 3 bis 5 % per anno, aber ich lasse natürlich Variationen zu. Die genaue Darlehenslaufzeit und Tilgungshöhe mache ich davon abhängig, in welcher Lage sich die jeweilige Immobilie befindet und was ich mit dem entsprechenden Immobilieninvestment vorhabe. Befindet sich die Immobilie in einer sehr guten und zentralen Lage, in der hohe Kaufpreissteigerungen zu erwarten sind oder befindet sich die Immobilie in einer Lage, in der gegebenenfalls irgendwann der Preis sogar sinken kann? Möchte ich die Immobilie lange behalten oder möchte ich Sie nach einiger Zeit wieder abstoßen?

An dieser Stelle ein Hinweis: Wenn Sie für sich die optimale Tilgungshöhe ermitteln wollen, dann achten Sie unbedingt auch auf die steuerlichen Aspekte. Die AfA (= Abschreibung für Abnutzung) der jeweiligen Immobilien variiert und hängt teilweise vom Baujahr der Immobilie und anderen Faktoren ab. Wenn Sie selbst steuerlich nicht fit sind, dann ziehen Sie unbedingt ein Steuerberater zur Rate.

Darüber hinaus gibt es noch einige weitere Informationen, die Ihnen normalerweise nie jemand erzählt.

IM EINKAUF LIEGT DER SEGEN

Halten Sie sich stets vor Augen, dass Sie über den künftigen Gewinn, den Sie einstreichen werden, dann entscheiden, wenn Sie ein Objekt einkaufen! Der Merksatz lautet: Im Einkauf liegt der Segen. Unternehmen Sie also alles, aber auch wirklich alles, um preiswert an eine Immobilie heranzukommen. Aber jammern Sie nicht, wenn Ihnen nicht sofort ein Immobilienfilet mundgerecht auf dem Teller serviert wird.

Zugegeben, auch ich war anfangs verzweifelt, weil mir einfach keine gebratene Taube ins Maul fliegen wollte – bis mir einer meiner Mentoren eine E-Mail schickte mit zahlreichen Links zu guten Objekten. Es handelte sich dabei um ganz normale, gängige Immobilienportale wie etwa *immonet.de, immowelt. de* oder *immobilienscout24.de.* Und siehe da, ich wurde sofort fündig. Recherchieren auch Sie die üblichen Quellen durch, die allenthalben zur Verfügung stehen, und Sie werden schon bald ein gutes Objekt im Visier haben.

Lassen Sie sich nicht durch zweit- oder drittklassige Lagen abschrecken, weiter nicht durch einen elenden Zustand, wie schon angedeutet. Rechnen Sie persönlich nach, ob die Mieteinnahmen im Verhältnis zum Kaufpreis überzeugend sind oder nicht. Als ich das erste Mal so vorging, gingen mir tatsächlich die Augen über. Plötzlich erkannte ich, wie viele interessante Objekte ich übersehen hatte! Vor meiner Nase, auf dem flimmernden Bildschirm meines Notebooks, hatte ich exzellente Immobilienexposés betrachtet, aber nicht die exzellenten Möglichkeiten erkannt – *weil ich nicht nachgerechnet hatte und Potenziale übersah!*

Tatsächlich gibt es zahlreiche Möglichkeiten, was Immobilien-Einkaufsquellen angeht. Hier eine kleine Liste:

➤ Immobilienportale

➤ Zeitungsanzeigen

➤ Makler

➤ Eigene Suchanzeigen

➤ Zwangsversteigerungsportale

➤ Google, Ebay, Facebook

➤ Aushänge bei Gerichten

➤ Immobilienverwalter

➤ Nachbarschaft

➤ Banken

➤ Anwälte

➤ Steuerberater

➤ Hausverwalter

➤ Handwerker

➤ Finanzierungsberater

➤ Mieter

➤ Privates Umfeld

Es gibt also Möglichkeiten zuhauf. Natürlich ist es auf der anderen Seite auch richtig, wenn Sie ernsthafte Zweifel plagen, gegebenenfalls »Nein« zu sagen, selbst wenn es momentan schmerzt. Hier gilt: Verbeißen Sie sich nicht in ein einziges Objekt. Tatsächlich gibt es zahlreiche gute und sogar sehr gute Immobilien, es existiert kein Mangel!

DIE DREI WICHTIGSTEN KRITERIEN FÜR EINE GUTE IMMOBILIE

Ein alter Witz innerhalb der Immobilienbranche ist eine Rätselfrage. Sie lautet:

Was sind die drei wichtigsten Kriterien für eine gute Immobilie? Die Antwort:

1. Lage
2. Lage
3. Lage

Nun, lassen Sie es sich gesagt sein, dass genau diese Information irreführend ist.

Ich könnte Ihnen zahlreiche Objekte in hervorragenden Lagen zeigen – bei Innenstädten spricht man auch von »Goldenen Meilen« –, die durchaus nicht hoch attraktiv sind. Die gute Lage allein begründet noch lange nicht die gute Immobilie. Es handelt sich hierbei um eine klassische Fehlinformation.

In Wahrheit sind die drei wichtigsten Kriterien:

1. Rechnet sich das Objekt (= taugen die Mieteinnahmen im Verhältnis zum Einkaufspreis)?
2. Rechnet sich das Objekt?
3. Rechnet sich das Objekt?

Ich besitze lieber zehn Immobilien in B- oder C-Lagen, die sich rechnen, aber hässlich wie die Nacht sind, als nur eine einzige Immobilie in einer absoluten Toplage, bei der ich aber jeden Monat Geld zuschießen muss.

Natürlich ist auch die Lage wichtig. Aber wichtiger ist der Umstand, dass die Mieteinnahmen bei einem Objekt nachhaltig gesichert sind oder ein zügiger Wiederverkauf für einen anständigen Preis kein Problem darstellt. Dennoch ist es nicht falsch, bei einem Immobilieninvestment auch die Lage zu analysieren und etwa bei einem Objekt, das man ins Auge fasst, diese Fragen in Bezug auf die Immobilie zu stellen: Gibt es Leerstände? Fluglärm? Prostitution in der Nachbarschaft? Wie hoch ist die Arbeitslosenquote in einer bestimmten Gegend? Wie gut sind die Einkaufsmöglichkeiten? Die Verkehrsanbindung? Daran ist grundsätzlich nichts auszusetzen, die Recherche ist immer von Bedeutung. Aber was nützt Ihnen das tollste Haus, selbst wenn es aussieht wie ein Märchenschloss und die Lage einfach nicht mehr zu schlagen ist, wenn Ihnen das Investment jeden Monat ein paar Tausender aus der Tasche zieht?! Ein gutes Investment muss sich meiner Meinung nach *heute* schon rechnen, nicht erst *morgen*. Wenn Sie nur auf die Wertsteigerung spekulieren, sind Sie unter Umständen verraten und verkauft. Denn mit dieser Einstellung gehen Sie umgekehrt auch das Risiko ein, dass die Immobilienpreise vielleicht über Nacht purzeln und schlagartig sinken! Ihr Cashflow wird also in arge Mitleidenschaft gezogen. Und obwohl Cashflow nicht immer King ist, ist es doch richtig, ihn mit Argusaugen zu beobachten.

Generell rate ich deshalb davon ab, sich auf das gefährlich glatt gebohnerte Parkett der Spekulation zu begeben. Der unvergessene Altmeister und Anlageguru André Kostolany (1906 – 1999) unterschied stets streng zwischen dem (intelligenten) Investoren und dem (dummen) Spekulanten. Betrachten wir den Unterschied einmal genauer.

PSSST! WAS ÜBER SPEKULANTEN UND INVESTMENTJONGLEURE NICHT BEKANNT IST

Persönlich nenne ich den Spekulantentypus gerne *Investmentjongleur*, denn er tanzt auf einem sehr dünnen Seil, und das hoch droben in der Luft. Theoretisch kann er jeden Augenblick abstürzen. Ich empfehle Ihnen deshalb, diesen Typus keinesfalls zu kopieren, aber Sie sollten auf jeden Fall über seine Tricks Bescheid wissen.

Bei den folgenden Zeilen handelt es sich also gewissermaßen um »vertrauliche Informationen«, jedenfalls finden Sie sie in keinem anderen Buch und auch auf keinem Seminar. Sie stammen gewissermaßen aus den Katakomben des Immobilieninvestments:

Der Investmentjongleur setzt immer möglichst wenig Eigenkapital ein, um eine möglichst hohe Eigenkapital-Rendite zu erwirtschaften. Daran ist grundsätzlich nichts falsch. Aber der Jongleur tilgt kaum oder überhaupt nicht, ihn interessiert nur und ausschließlich der hohe Cashflow, den er sofort wieder einsetzt, um neue Immobilieninvestments zu tätigen. Rücklagen bildet er nie. Muss etwas unbedingt saniert werden, greift er in den Cashflow-Topf.

Der Investmentjongleur leiht sich weiter gerne von dritten Personen Eigenkapital – von Bekannten oder Verwandten –, nur um sofort die nächste und übernächste Immobilie kaufen zu können. Sein Fehler: Da er nicht systematisch tilgt, ist es gefährlich, mit ihm zu kooperieren.

Selbst wenn der Investmentjongleur geradezu aus Versehen doch einmal ein Objekt teilweise abbezahlt hat, nutzt er auch diesen Vorteil, um sofort eine neue Finanzierung für das gleiche Objekt auf die Beine zu stellen. Er wartet selten oder nie geduldig ab, bis eine Immobilie schuldenfrei ist, sondern erhöht im Gegenteil den Wert der Immobilie weiter dadurch, indem er zum Beispiel die Mieten bis an den Rand des Erträglichen anhebt. Dann lässt er das Objekt neu bewerten und einschätzen. In der Folge macht er den höheren Wert gegenüber der Bank geltend, um ... richtig!, um diese Werthebung als Sicherheit in Form einer weiteren Grundschuld der Bank im Grundbuch für neue Immobilienkäufe einzusetzen.

Ein weiteres Modell nennt man *Refinanzieren*. Nachdem unser Jongleur nun den Wert der Immobilie zum Beispiel durch die höheren Mieteinnahmen gesteigert hat, geht er zu einer neuen Bank oder auch zu der alten und verlangt, dass diese den Wert der Immobilie unabhängig erneut feststellt. Sofern sich ein deutlich höherer Wert bei der Bewertung ergibt, wird nun die alte Finanzierung abgelöst und eine neue Finanzierung mit einem deutlich höheren Finanzierungsbetrag abgeschlossen. Die neue höhere Finanzierung spült natürlich Bares in seine Tasche. Den Differenzbetrag nutzt der Investmentjongleur, um ..., um ...? Sie wissen es längst!

Gern trennt der Jongleur auch etwa Grundstücksteile von Liegenschaften, die er besitzt, einfach ab und verkauft sie. Der Erlös dient wieder ... als Eigenkapital für ein neues Investment.

Ich glaube, ich brauche nicht weiter fortzufahren.

Auf diese Weise entstehen riesige Immobilienvermögen, die bei Licht betrachtet meist nichts als gigantische Seifenblasen sind, Kartenhäuser, die vom leichtesten Windstoß umgepustet werden können.

Noch einmal: Lassen Sie die Finger von all diesen Praktiken. Der Schuss geht gewöhnlich nach hinten los. Professionelle Investoren verfolgen fast immer eine langfristige Strategie. Sie schaffen sich zunächst eine sichere Basis, sodass ihr Vermögen nicht auf tönernen Füßen steht.

Aber wie sieht's mit dem Know-how des professionellen Investors aus?

GEDIEGENES INVESTOREN-KNOW-HOW

Der professionelle Investor kümmert sich in erster Linie um einen guten/niedrigen Einkaufspreis. Also nimmt er beim Grundbuchamt in die entsprechenden Akten Einsicht, was ihm bei »berechtigtem Interesse« erlaubt ist. Schnell ersieht er hier in der sogenannten *Grundakte*, wie viel der vorherige Eigentümer für die Immobilie bezahlt hat, was ihm einen entscheidenden Vorsprung bei den kommenden Kaufverhandlungen sichert.

Oft ist der professionelle Investor selbstständig. Er weiß, dass er bei ausschließlicher Selbstständigkeit einen nachhaltigen Jahresgewinn von mehr als 40.000 € verbuchen muss, weiter muss er sich mindestens seit bereits drei Jahren in der Selbstständigkeit befinden – ansonsten winken die Banken durchweg ab und es kommt nicht mal zu einem Gespräch.

Der professionelle Investor verfügt bei einer Immobilie außerdem über mindestens eine, besser drei Exit-Strategie(n), um gegebenenfalls schnell aussteigen zu können.

Stets kalkuliert er darüber hinaus höchst großzügig, wenn es um Sanierungsarbeiten geht, denn er hat die Erfahrung gemacht, dass Baukosten gewöhnlich deutlich höher und Bauzeiten deutlich länger dauern, als ursprünglich kalkuliert. Immer holt er sich drei, oft sogar fünf Kostenvoranschläge ein, vergleicht Preise und Leistungen, Offerten und Personen.

Und schließlich und endlich verfügt der professionelle Investor stets über Reserven.

Wenn man den Unterschied zwischen ihm und einem Spekulanten verstanden hat, wird man sich immer auf die Seite des professionellen Investors schlagen.

Das gilt auch für das brisante Thema Aktien, das uns ein eigenes Kapitel wert sein soll.

Kapitel 9
AKTIEN? JA, BITTE! ABER WIE?

»Wie erwirtschaftet man die höchsten Gewinne mit Aktien?«

»Es ist ganz einfach: Man steigt ein, wenn die Kurse unten sind, und steigt aus, wenn sie oben sind.«

Nun, das ist leicht gesagt. Aber wann sind Kurse *unten* und wann sind sie *oben*?

Eine Aktie, die sehr hoch im Kurs liegt, kann durchaus noch sehr viel höher steigen!

(Beispiel: Die *Apple*-Aktie vor ein paar Jahren)

Und eine Aktie, deren Preis in den Keller gerutscht und also »unten« ist, kann noch sehr viel tiefer fallen. (Denken Sie an *Arcandor*.)

Wir müssen also doch ein wenig tiefer bohren.

AKTIEN – DEFINITIONEN

Immerhin steht so viel fest, dass mit Aktien die größten Investmentgewinne realisiert werden — statistisch gesehen. Aber auch hier gilt: Nur der Profiinvestor verzeichnet satte Zuwächse, nicht notwendigerweise der Spekulant, der Zocker oder gar der Glücksritter, der nichts von Aktien versteht. Beschließen Sie also auch in diesem Fall, ein *Investor* zu *werden!*

Wenn man die Renditen von Sparkonten oder Tagesgeldzinsen mit den Gewinnen von Aktien vergleicht, stets nur statistisch gesehen, so wundert man sich, warum nicht mehr Menschen in Deutschland in Aktien investieren. Wissen Sie übrigens, warum das Sparbuch »Sparbuch« heißt? Nun, weil man es sich von vornherein *sparen* kann ...

Setzt man die mageren Zinsen, die hier erwirtschaftet werden (im Moment 0,5 %), der Inflation entgegen (im Moment 3 – 4 %), so erkennt man sehr rasch, dass man jedes Jahr mit dem Sparbuch Geld verliert. Es ist also durchaus richtig, auf Aktien zu setzen. In guten Jahren sind 10 bis 20 % Rendite tatsächlich nichts Außergewöhnliches.

Als Allererstes müssen Sie, wenn Sie sich Aktien nähern, alle Begriffe klären, die Sie nicht kennen. Letztlich müssen *Sie* sich ein Urteil bilden können, was eine gute Aktienanlage ist – die Zeiten, da man sich naiv einem Banker oder einem Broker anvertraut, sind unwiderruflich vorbei, denn auch diese Herren können sich irren, wie in der Vergangenheit hinreichend bewiesen.

Zunächst also einige Grundlagen: *Aktien* sind per Definition Anteile an einem Unternehmen, an einer Aktiengesellschaft. Es sind Wertpapiere. Gewinnt das Unternehmen hoch – sind Sie mit von der Partie und jubeln. Verbucht es Verluste, knirschen Sie mit den Zähnen.

Es gibt verschiedene Arten von Aktien, wie etwa *Stammaktien* oder *Vorzugsaktien.*

Der Besitz von *Stammaktien* erlaubt es Ihnen, an der Hauptversammlung des Unternehmens teilzunehmen; sie üben dort ein Stimmrecht aus, wenn es um wichtige Unternehmensentscheidungen geht. Bei einer *Vorzugsaktie* ist dies nicht möglich, aber dafür erhalten Sie meist eine größere Dividende, sprich eine höhere Gewinnausschüttung.

Jede Aktien besitzt eine WKN = eine **W**ertpapier-**K**enn-**N**um-mer. Anhand dieser Nummer lässt sich eine Aktie in ganz Deutschland identifizieren. Mittels der ISIN = **I**nternational **Se**curities **I**dentification **N**umber, über die ebenfalls jede Aktie verfügt, kann man eine Aktie sogar weltweit exakt einordnen und erkennen. Mit der Abkürzung DAX bezeichnet man den **D**eutschen **A**ktien-Inde**X**, mit DJ den **D**ow **J**ones, den US-amerikanischen Aktienindex – er ist der wichtigste der Welt. Der DAX spiegelt die Kursentwicklung der 30 größten und wichtigsten Aktienunternehmen innerhalb Deutschlands wieder. Nun müssen Sie also nur noch eine *Kauf-Order* abgeben (oder später eine *Verkaufs-Order*) und schon sind Sie mitten im *traden* = Sie handeln mit Aktien. Traden können Sie an einer *Börse* = ein Marktplatz, wo Aktien gehandelt werden. In Deutschland sind die beiden bekanntesten und wichtigsten Börsen die **F**rankfurter **W**ertpapier-**B**örse (FWB) und die elektronische Handelsplattform Xetra.

Man braucht einen Broker, eine Art Makler, der zwischen der Börse und der Privatperson steht, um mitmischen zu können. Der Broker verlangt jedoch Gebühren. Heute gibt es zudem viele verschiedene *Online-Broker*, die es dem Anleger erlauben, schneller, direkter und unmittelbarer zu traden.

Bei der *OnVistaBank*, bei *CortalConsors* oder bei *Comdirect* können Sie ein Aktiendepot anlegen. Es ist empfehlenswert, zunächst mit einem sogenannten Musterdepot anzufangen, das die Möglichkeit bietet, Aktien ohne echten Einsatz von Geld zu erwerben und sozusagen im Trockenen das Schwimmen zu üben. Aktuelle Aktienkurse können Sie mühelos online bei *finanzen.net* einsehen. Es gibt sogar diverse Apps für Handy, sodass Sie sich jederzeit und überall auf dem Laufenden halten können.

DIE RICHTIGE STRATEGIE

Nicht anders als bei Immobilien gibt es auch in puncto Akti-
en kluge Strategien, die es Ihnen erlauben, gute und manchmal
exzellente Gewinne zu erwirtschaften. Nun ist es allerdings so,
dass es 101 unterschiedliche Strategien gibt, wobei mit dieser
Zahl wahrscheinlich noch zu kurz gegriffen wird. Es existieren
buchstäblich Hunderte von klugen Büchern über die »richtige«
Aktienanlage, wobei sich die Autoren zum Teil vehement wi-
dersprechen. Es gibt den Day-Trader, der jeden Tag Kauf- und
Verkaufs-Order gibt, den Anleger, der allenfalls einmal im Monat sein Aktiendepot in Augenschein nimmt, und den Investor,
der beispielsweise einem Aktienguru folgt und nur im Zeitraum
von Jahren denkt. Weiter gibt es den vorsichtigen Anleger, der
nur in »Blue Chips« geht, sprich in umsatzstarke Aktien mit ho-
hem Börsenwert, und den Investor, der sich auf »Penny stocks«
verlegt, das sind Aktien, die weniger als einen Euro kosten und
hochspekulativ sind. Einige Gurus empfehlen, nicht alle Eier in
einen Korb zu legen und zu diversifizieren, andere geben den
Rat, sich nur auf eine oder zwei exzellente Aktien zu konzentrieren. Es gibt mit anderen Worten alles Denkbare, auf diesem
heißesten aller Märkte.

Im Rahmen dieses Buches ist es selbstredend unmöglich, alle
Strategien vorzustellen oder gar einer einzigen Strategie das
Wort zu reden. Der einzig seriöse Ratschlag lautet also, sich
selbst sachkundig zu machen. Es gibt ausgezeichnete Bücher,
gute Fachzeitschriften, Aktienclubs, Internet-Informationen,
Aktien-Newsletter … der Markt wird überschwemmt von Informationen. Die eigentliche Aufgabe ist intellektueller Art: Sie
müssen herausfinden, welche Quelle etwas taugt und meist richtig liegt – und welchen Aussagen Sie nicht vertrauen dürfen, weil
sie getürkt sind und nur zum Kauf bestimmter Aktien verführen sollen. Die seriöseste Quelle sind Bücher.

Weiter sind diese Ratschläge wertvoll:

1. Auch in Bezug auf Aktien sollten Sie völlig emotionslos handeln und nur Zahlen sprechen lassen, wenn es um eine Entscheidung geht. Die beiden größten Feinde des Investors sind Emotionen, Furcht und Gier.

2. Klug ist es im Allgemeinen, antizyklisch zu handeln. Wenn die Zeitungen voll des Lobes über bestimmte Aktien sind, und selbst »Profis« jubilieren vor Begeisterung, dann ergreifen Sie die Flucht! Nehmen Sie Ihre Gewinne mit und verabschieden Sie sich von den entsprechenden Aktien. Wenn dagegen die Stimmung trüb ist, der Dow Jones und der DAX niedrig sind, wenn jedermann flucht und wenn sich die Zeitungen vor Pessimismus gegenseitig übertrumpfen, dann investieren Sie in gute Aktien.

3. Investieren Sie jedoch nur Geld, auf das Sie zur Not auch völlig verzichten könnten. Sie sollten nicht darauf angewiesen sein, mit Aktien über Nacht reich zu werden. Traden Sie nie mit gepumptem Geld.

4. Verfolgen Sie die Weltpolitik und die Weltwirtschaft, vor allem in den USA und in Großbritannien, aber auch die Innenpolitik und Binnenwirtschaft in Deutschland. Studieren Sie, was in der Vergangenheit zu Aktienhöhenflügen führte und was zu Abstürzen.

5. Konzentrieren Sie sich auf das Studium einer kleinen, überschaubaren Anzahl ausgewählter Aktien, die sie über Jahre verfolgen, sodass Sie ein Gefühl für die Kursbewegungen bestimmter Wertpapiere bekommen. Von großem Vorteil ist es, Unternehmen, in die man investiert, persönlich durchzurecherchieren. Es gibt genaue Kennzahlen für die Liquidität und die Finanzstärke eines Unternehmens, die Sie in Erfahrung bringen können, Know-how, was zukunftsträchtige Produkte angeht, Bewertungen über die Innovationskraft einer Firma und Informationen über das Topmanagement. Nichts ersetzt die persönliche Recherche. Im Idealfall nehmen Sie sogar ein Unternehmen persönlich in Augenschein, wie es der erfolgreiche Aktienfondsmanager Peter Lynch empfiehlt!

Nur wenn Sie Ihren eigenen Kopf gebrauchen, sich ein eigenes Urteil bilden und eine kluge Strategie wählen, werden Sie auf Dauer mit Aktien gewinnen. Betrachten Sie diese Anlage als eine Art Kopfsport. Laufen Sie jedoch nicht jedem »Geheimtipp« hinterher, in dem Augenblick, da jedermann von einem »Geheimtipp« spricht, kann es sich logischerweise nicht mehr um einen solchen handeln. Erlauben Sie es sich überdies, auf dieser Spielwiese auch Fehler zu machen, Fehler einzusehen und Fehler zu korrigieren.

Es gibt abenteuerliche Geschichten von Riesengewinnen mit Aktien und unglaubliche Stories von der Vernichtung ganzer Vermögen. Insofern ist es von größter Bedeutung, um den Charakter von Aktien zu wissen, die zwar statistisch gesehen die größte Rendite abwerfen, aber eben nur statistisch gesehen.

Besonders hilfreich kann ein persönlicher *Money-Coach* sein, der über große Erfahrung auf dem Aktienmarkt verfügt und diverse Auf und Abs selbst miterlebt hat.

Kapitel 10
DIE MILLIONEN-DOLLAR-ERFOLGSFORMEL: DER MONEY-COACH

Meiner Einschätzung nach handelt es sich bei dem vorliegenden Kapitel um eines der wichtigsten des gesamten Buches. Es geht um die Frage, wie man einen exzellenten Money-Coach findet.

Ein guter Mentor kann Ihnen zehn oder zwanzig Jahre Erfahrungen ersparen. Natürlich lernen Sie auch durch Fehler, besonders durch Fehler, die viel Geld kosten. Aber tatsächlich brauchen Sie nicht das Rad in jeder Beziehung neu zu erfinden. Speziell, wenn Sie sich Ihrer eigenen Schwächen und Wissenslücken bewusst sind, ist ein Money-Coach von immensem Vorteil. Aber welche Art von Coach, Trainer oder Mentor ist überhaupt interessant für Sie?

DER ECHTE WISSENSVORSPRUNG oder THEORIE UND PRAXIS

Sie wissen es bereits: Ihnen ist nicht mit einem Theoretiker gedient, der zwar mit allen möglichen Daten und Fakten bis an den Rand vollgestopft ist, sich aber in der Praxis bislang nicht hat bewähren müssen. Nein, für Sie sind nur »Macher« und Investoren interessant, die weitaus erfolgreicher sind als Sie selbst.

Man würde sich von einer Person, die pausenlos Kette raucht, sicher keinen Rat geben lassen, wie man mit dem Rauchen aufhört. Folgerichtig darf man sich auch nicht von einer Person, die nur eine einzige Immobilie besitzt, beraten lassen, was den intelligenten Erwerb von Immobilien angeht. Halten Sie Ausschau nach den Praktikern, die auf dem Investmentterrain mindestens zehnmal so erfolgreich sind wie Sie selbst.

Aber wo lernen Sie einen solchen Menschen kennen?

FUNDGRUBEN oder DAS GELD LIEGT AUF DER STRAßE

Die Frage ist berechtigt. Speziell, wenn Sie selbst bereits über 50 Wohneinheiten verfügen und Sie also jemanden suchen, der 500 Wohneinheiten sein Eigen nennt, spielt man unversehens in der Liga der Investment-Genies. Diese Herrschaften geizen jedoch mit ihrer Zeit, und ein Meeting mit ihnen zu arrangieren ist oft schwieriger als eine Audienz mit dem Papst in Rom zu erhalten.

Am Anfang gestaltet sich die Suche leichter. Fangen Sie an, in Gedanken Ihren Bekanntenkreis abzuklappern. Gibt es hier jemanden, der ebenfalls daran interessiert ist, es zu wirklichem Wohlstand zu bringen? Gleich und gleich gesellt sich gern. Weiter gibt es Investmentzirkel und Partys der gehobenen Klasse, die eigentlich jedermann zugänglich sind. Und schließlich können Sie auch über Internetnetzwerke, wie XING manchmal die erstaunlichsten Kontakte knüpfen.

Einen meiner Money-Coaches tat ich tatsächlich über XING auf, eine Online-Plattform, deren Mitglieder vorrangig an beruflichen Kontakten interessiert sind. Man kann sich hier an fachspezifischen Diskussionen beteiligen, selbst Veranstaltungen organisieren oder direkt Persönlichkeiten ansprechen. Die Kontaktaufnahme kann sehr ungezwungen vor sich gehen, etwa so:

Meine Nachricht:

Guten Tag Herr x

vielen Dank, dass Sie meinen Kontakt bestätigt haben!

Ich bin einer Ihrer Fans, habe Ihre Aktivitäten bislang aus der Ferne über YouTube verfolgt und bin selbst auf Immobilieninvestments spezialisiert.

Gern würde ich Sie einmal persönlich kennenlernen!

Ich würde mich sehr freuen, von Ihnen zu hören.

Freundliche Grüße
Torben Käselow

Halten Sie es also einfach. Und scheuen Sie sich nicht, auch Hochkaräter anzusprechen, normalerweise sind sie kommunikativer als Sie glauben, speziell, wenn eine gleiche Interessenlage gegeben ist.

Sobald Sie einen dieser kostbaren, exotischen Investment-Paradiesvögel aufgetan haben, sollten Sie sich rückversichern, ob es sich auch wirklich um ein Anlage-Genie handelt.

Es ist nicht falsch, sehr direkte Fragen zu stellen, sobald man ein wenig warm geworden ist. Man kann sich danach erkundigen, wie viele Immobilien jemand besitzt, denn der Meinungsaustausch unter Investoren ist nichts Ungewöhnliches und wird nicht als ungehörig empfunden. Weiter kann man sich nach den jährlichen Mieteinnahmen erkundigen und sogar nach dem Cashflow. Nur so bringt man in Erfahrung, ob eine Person überhaupt als Money-Coach in Frage kommt.

Es gibt viele Möglichkeiten, einen guten Mentor kennenzulernen. So stieß ich auf meinen zweiten Money-Coach durch Zufall. Eines Tages fiel mir ein Werbeflyer in der IVD-Zeitschrift AIZ ins Auge: Angeboten wurde ein (sündhaft teures) Immobilieninvestment-Training. Ich meldete mich an, aber nicht der Leiter des Seminars avancierte später zu meinem Money-Coach, sondern ein Teilnehmer dieser Veranstaltung, der bereits über eine stattliche Anzahl von Immobilien verfügte – während ich ein Greenhorn war und noch nass hinter den Ohren. Ich kam mit ihm ins Gespräch und am letzten Seminartag tauschten wir unsere Adressen aus. Dieser Investor brachte mich dazu, meine Nase tiefer in die Materie zu stecken. Niemand lehrte mich mehr über die hohe Kunst des Immobilieninvestments! Nach wie vor zählt dieser Coach zu meinen besten Freunden.

Ein anderer Kontakt war dagegen schon schwieriger herzustellen. Es handelte sich um einen öffentlich bekannten Investor. Aber auch diese Spezis sind nur Menschen. Über Google und Facebook fand ich seine E-Mail-Adresse heraus und nahm Kontakt mit ihm auf. Die Verbindung ist bis heute nicht abgerissen.

Im Zweifel, wenn es gar nicht klappt, denken Sie einfach an das »Gesetz der großen Zahl« – Sie erinnern sich? Wenn Sie viele viele »Neins« kassiert haben, lacht eines Tages immer auch das »Ja«.

WIE SIE MONEY-COACHES VON SICH ÜBERZEUGEN

Es ist sicher einfacher, einen guten Mentor ausfindig zu machen, als ihn von der eigenen Person zu überzeugen. Diese seltenen Exemplare haben, wie gesagt, Ihre Zeit nicht gestohlen, und sie entscheiden manchmal blitzschnell, ob sie einen Kontakt zulassen oder nicht. Der Money-Coach muss spüren, dass es sein Zögling auch wirklich ernst meint, man muss Ratschläge also zügig umsetzen. Profis halten wenig von Leuten, die nur reden, aber nicht handeln. Seien Sie weiter sehr respektvoll, immer zuverlässig und antworten Sie unmittelbar, wenn Sie eine E-Mail von Ihrem Money-Coach erhalten.

Bringen Sie zum Ausdruck, dass Sie den Kontakt für höchst bedeutungsvoll halten.

Einer meiner Coaches stellt mich außerdem immer wieder ordentlich in den Senkel, wenn ich einen (Investment-)Bock geschossen habe. Er nimmt kein Blatt vor den Mund, wenn es um die Wahrheit geht, und führt mir gnadenlos meine Fehler vor Augen.

Gut so!

Erwarten Sie darüber hinaus nie, dass ein Money-Coach die Arbeit für Sie erledigt. Ein Mentor unterstützt Sie nur. Nerven Sie ihn nicht mit Kleinigkeiten. Beweisen Sie ihm, dass Sie ebenfalls ein Macher sind und nicht nur schwafeln. Treffen Sie Ihre eigenen Entscheidungen, entwickeln Sie Ihre eigenen Strategien.

Und eines ist unabdingbar: Belügen Sie Ihren Mentor niemals. Money-Coaches sind intelligente Zeitgenossen und verfügen über eine gute Menschenkenntnis. Da sie sehr gut zuhören können, merken Sie sich exakt die von Ihnen genannten Zahlen. Manchmal fragt der Coach Sie ein zweites Mal nach eben diesen Zahlen, und wenn Sie sich nun verhaspeln und unterschiedliche Auskünfte geben, sind Sie der Lüge überführt. Sie können einpacken und nach Hause gehen. Coaches stellen gerne ihren Zöglingen zweimal zu unterschiedlichen Zeitpunkten die gleiche Frage, um ihr »Wahrheitsniveau« herauszufinden, eine bemerkenswerte Technik.

Gute Money-Coaches geben Ratschläge, die Gold wert sind, aber sie achten auch darauf, ob ihre Ratschläge ausgeführt werden. Sie stellen Ihnen mitunter exakte Aufgaben und testen Sie. Sie sollten solche Tests bestehen, wenn Ihnen an einem weiteren Kontakt gelegen ist.

Gute Mentoren sind darüber hinaus Meister der *Wie-Strategie*. Sie verwandeln mitunter eine schwarze, schier ausweglose Situation in eine goldene, wunderbare Gelegenheit, sie verwandeln Minus in Plus. Sie sehen Möglichkeiten mit Häusern und Wohnungen, die andere nicht sehen. Nicht umsonst sind sie genau dort angelangt, wo sie heute stehen.

Da ich mittlerweile über meine eigenen »Jünger« verfüge, kenne ich inzwischen beide Seiten der Medaille. Ich spiele also bereits selbst manchmal den Money-Coach und berate privat zunehmend Jungunternehmer oder bereits gestandene Unternehmer, die jedoch finanzielle Probleme haben. Einer meiner »Adepten«, mit seinen 34 Jahren deutlich älter als ich, ein pfiffiger junger Mann mit vietnamesischen Wurzeln, der das gewisse Etwas hat, verfolgt das Ziel, innerhalb von vier Jahren mindestens 50 Wohnungen zu besitzen, die ein passives Einkommen von 10.000 € monatlich abwerfen. Er ist meiner Meinung nach zu intensiv am Cashflow orientiert, was grundsätzlich nicht schlecht ist, jedoch nicht zum Nachteil der Tilgung geraten darf. Also muss ich ihn in die richtige Richtung schubsen. Ich versuche das, indem ich ihm die entsprechenden Fragen stelle, um ihm auf diese Weise die Augen zu öffnen. Das Prinzip: Er muss es selbst erkennen. Aber er ist hoch motiviert, meiner Ansicht nach wird er sein Ziel erreichen, denn er kann zuhören und ist grundehrlich.

Kommen wir nun zu dem letzten und wichtigsten Kapitel dieses Buches, dem alles entscheidenden Erfolgsprinzip, von dem es abhängig ist, ob es jemand wirklich schafft.

Kapitel 11
DAS WICHTIGSTE ERFOLGSPRINZIP

Man könnte viele Erfolgsformeln hinzufügen, was den allseits begehrten Reichtum angeht, dem viele nachjagen, obwohl es wenige zugeben. Aber eine Formel überragt tatsächlich alle anderen.

Bevor ich sie vorstelle, erlauben Sie mir jedoch zunächst noch einmal auf einige andere Prinzipien aufmerksam zu machen, die sie ebenfalls auf höchste Geld-(Gipfel) katapultieren können.

Meiner Beobachtung nach sind die besten Investoren *selbstständig*. Es ist deshalb nicht falsch, wenn auch Sie anfangen, sich in diese Richtung zumindest gedanklich zu bewegen. Selbstständige verdienen in der Regel mehr Geld als Angestellte und zahlen weniger Steuern. Genauer gesagt können Sie leichter ihre Steuern »steuern«. Sie verfügen über mehr Zeit, um sich um ihre Investments zu kümmern, und lernen frühzeitig, dass man seines eigenen Glückes Schmied ist. Sie machen nie das »Schicksal« oder die »Konjunktur« für etwas verantwortlich, sondern wissen, dass sie allein darüber entscheiden, wie ihr künftiger Weg aussieht.

Ängstliche Menschen fügen sich in Systeme, mutige Menschen schaffen Systeme oder nutzen bestehende Systeme zu ihrem Vorteil aus. Sie können sich leichter von alten Gewohnheiten trennen und finden mittels eigener Ideen Lösungen für scheinbar unlösbare Probleme.

Der erfolgreiche Investor weiß außerdem, dass er nur dann einen Stich machen kann, wenn er fair und zuverlässig ist und

Integrität groß schreibt. Weiter ist die Kompetenz von entscheidender Bedeutung. Hierzu ein kleines Beispiel.

WER FRAGT GEWINNT

Persönlich kenne ich einen liebenswerten Immobilienmakler, der, obgleich er viele Jährchen mehr auf dem Buckel hat als ich, mir trotzdem ständig Löcher in den Bauch fragt. Er ist sogar als »Speaker« bekannt und hält regelmäßig Seminare für die Immobilienbranche! Vor Kurzem schickte er mir jedoch eine E-Mail mit der Frage, warum denn eine vermietete Eigentumswohnung normalerweise weniger wert sei als eine Eigentumswohnung, die leer steht? Mehrfamilienhäuser, so seine Argumentation, könne man doch auch besser verkaufen, wenn sie vermietet seien, aber im Falle von Eigentumswohnungen verhalte es sich seltsamerweise umgekehrt.

Nun, die Antwort ist simpel. Die Zielgruppe, die eine Eigentumswohnung gerne leer und ohne Mieter kauft, die Selbstnutzer also, ist sehr viel *größer* als die Zielgruppe, die eine Wohnung nur kauft, um sie zu vermieten. Es handelt sich sehr einfach um eine Sache von Angebot und Nachfrage, antwortete ich. Deshalb würden unvermietete Wohnungen deutlich teurer gehandelt und seien leichter an den Mann zu bringen …

Soweit eine Information aus dem Immobilienalltag. Die Moral von der Geschicht`?

Damit will ich mich nicht etwa selbst beweihräuchern. Was ich zum Ausdruck bringen will, ist lediglich der Umstand, dass sich selbst dieser alte Fuchs und Branchenfreund nicht scheute und scheut, bei einem Jungfuchs wie mir anzuklopfen und anzufragen! Ich applaudiere!

Das heißt, der Erfolgreiche erweitert ständig sein Know-how und lernt kontinuierlich hinzu – gleichgültig, wie einfach die gestellten Fragen wirken mögen. Er glaubt nie, die Weisheit mit Löffeln gefressen zu haben. Tatsächlich hört er nie auf zu lernen. Nie gelangt er an einen Punkt, wo er glaubt, auf dem Gipfel allen Wissens angelangt zu sein, denn neues Know-how erblickt in unserer schnelllebigen Zeit ständig das Licht der Welt.

Sie alle lernen – bis an ihr Lebensende!

WEITERE GEWINNEREIGENSCHAFTEN

Forschen wir weiter im Katalog der notwendigen Eigenschaften.

Obwohl der Erfolgreiche in vielen Beziehungen ein Außenseiter ist – er verfügt über die Fähigkeit, gänzlich eigenständig zu denken und muss sich nicht dem Mainstream beugen –, wird er dennoch umworben, heimlich bewundert und beneidet und steht deshalb oft im Mittelpunkt. Er lebt zurückgezogen – ist aber gleichzeitig gut erreichbar. Aber die Bewunderung macht ihn nicht betrunken, er braucht keinen Applaus.

Stets investiert er vorsichtig und steckt sein Geld nur in Objekte, die er persönlich beurteilen kann. Er investiert nie in Dinge, die er nicht selbst versteht. Entdeckt er jedoch eine gute Möglichkeit und hat seine Hausaufgaben gemacht, dann stürzt er sich mit Verve in die Schlacht.

DIE PROBE AUFS EXEMPEL

Für dieses Buch studierte ich zahlreiche »Jungmillionäre« und Macher, einige lernte ich auch persönlich kennen. Es ist erstaunlich, wie sehr sich die Vorgehensweisen der Macher ähneln.

Jakob Mähren, ein Jungunternehmer, gerade 30 Jahre alt, der heute in Berlin über ein ganzes Immobilienimperium verfügt, konkret über mehr als 1.000 Wohnungen, erwarb bereits mit 19 Jahren sein erstes Objekt.

Wie? Nun, er erbte ursprünglich 2.000 € von seinen Großeltern. Umgehend fasste er die Börse ins Auge, kaufte sich drei Flatscreens und zwei Telefone, stürzte sich ins Daytrading und zauberte aus seinem Erbe 37.000 €.

Davon finanzierte er die erste Wohnung. Zusätzlich steckte er ein paar Tausend Euro in die Renovierung, die er eigenhändig erledigte. Schließlich verkaufte er seine erste Immobile mit fast 100 % Gewinn. Dieses Geld nutzte er sofort, um sein erstes Mietshaus an Land zu ziehen. Es folgte das zweite, dann das dritte und so weiter – ein kleiner Donald Trump! Sein »Trick«: Mähren kaufte eine Zeit lang stets Objekte in schlechtem Zustand, mit verwahrlostem Treppenhaus und Ratten im Keller, metaphorisch gesprochen, Häuser, in denen die Heizung nicht funktionierte und keinerlei Reparaturarbeiten ausgeführt worden waren. Dann sanierte er klug und verkaufte mit Gewinn.

Kurz gesagt stürzte er sich also einfach mittenmang in die Materie …

Ein anderer Jungmillionär, Gerald Hörhan, gerade 37 Jahre jung, ist Vorstand der Pallas Capital – ein Finanzierungsunternehmen der Spitzenklasse für kleine und mittlere Unternehmen in Österreich, Deutschland und Osteuropa mit Hauptsitz in Wien und Niederlassungen in Frankfurt und Moskau. Hörhan berät Unternehmen bei der Kapitalbeschaffung sowie bei der Durchführung von Unternehmensverkäufen. Das Unternehmen wickelt jährlich ein Transaktionsvolumen von etwa 300 Millionen Euro ab. Sein Prinzip, Sie vermuten es bereits: Auch er stürzte sich einfach mittenmang in die Materie …

Facebooks Marc Zuckerberg verfügte bereits, als er noch keine 30 Lenze zählte, über Milliarden von Dollar. Seine Methode? Er stürzte sich ebenfalls einfach mitten in das Geschehen.

Nun könnte man an dieser Stelle noch zahlreiche weitere Erfolgsgeschichten auflisten und sich an ihnen ergötzen, aber es käme doch immer nur das gleiche Ergebnis heraus, das gleiche Erfolgsprinzip.

EINFACH MACHEN

Das mit Abstand wichtigste Erfolgsprinzip, das meilenweit über allen anderen angesiedelt ist, lautet: EINFACH MACHEN.

Natürlich ist es bewusst doppeldeutig. Es bedeutet nicht nur, dass man Dinge nicht kompliziert darstellen sollte, sondern vor allem, dass man etwas »einfach machen«, das heißt *einfach tun* sollte.

Sie müssen sich sehr simpel kopfüber in die Materie hineinstürzen und »es« einfach machen. Sie müssen schlicht die Ärmel aufkrempeln.

»Es?«

Das Immobilieninvestment zum Beispiel. Die Firmengründung. Das Aktienengagement — was auch immer Sie sich vorgenommen haben. Hieran führt kein Weg vorbei. Sie müssen Ihr Herz in beide Hände nehmen und tatsächlich zum Beispiel eine Immobilie *kaufen* — und nicht nur darüber theoretisieren und philosophieren.

Einfach machen lautet also das mit Abstand wichtigste Erfolgsprinzip.

Wagen Sie den Kopfsprung, holen Sie sich ein paar Beulen meinetwegen, machen Sie Fehler, das ist unumgänglich, aber lassen Sie eines niemals außer Acht: das Tun.

Eine Liste der zehn größten Fehler, die man begehen kann:

1. Nie zu beginnen
2. Nie zu beginnen
3. Nie zu beginnen
4.
5.
6.
7.
8.
9.
10. Nie zu beginnen

Sie verstehen? Über meinem Schreibtisch hängt deshalb ein Blatt Papier, auf dem in fetten Lettern diese beiden Zauberwörter stehen: EINFACH MACHEN.

Denken Sie daran: Den perfekten Deal gibt es nicht. Deshalb machen Sie lieber ein paar Fehler, als gar nichts!

Erfinden Sie keine Ausreden. Träumen Sie nicht vom Reichtum. Geben Sie der Tat den Vorzug.

Halten Sie dieses Buch immer griffbereit. Es kann Ihr persönlicher Fahrplan zur finanziellen Unabhängigkeit sein.

Sorgen Sie dafür, dass Ihre Freunde und Bekannten ebenfalls von der Möglichkeit erfahren, wie man zu Wohlstand gelangen kann. Klären Sie sie auf.

Und denken Sie stets an diesen Slogan:

EINFACH MACHEN!

Und das ist auch schon die gesamte Botschaft dieses Buches: Schieben Sie alle Ideen, warum etwas angeblich nicht geht, beiseite und wagen Sie den Sprung ins kalte Wasser. Nur so lernen Sie schwimmen.

Das Erfolgsprinzip *Einfach machen* entscheidet darüber, ob Sie morgen zu den Gewinnern und Siegern zählen – oder eben nicht.

Über den Autor

 Torben Käselow, gebürtiger Hamburger, machte sich bereits mit dem 18. Lebensjahr als Handelsvertreter selbstständig. Nur kurze Zeit später begann er eine Berufsausbildung zum Groß- und Außenhandelskaufmann und gründete die Maklerfirma Käselow Immobilien. Parallel bildete er sich zum »Geprüften Immobilienfachwirt (IHK)« weiter und ist mit 27 Jahren einer der jüngsten »Do it your self« - Privatinvestoren Deutschlands und jüngstes Mitglied im Immobilien Investment Club (IIC).

Weitere Infos zum Autor finden Sie auch unter:
www.torben-käselow.de

Literaturempfehlungen

Eker, T. Harv, *So denken Millionäre*, Heyne Verlag, 2006

Hill, Napoleon; Stone, W. Clement, *Erfolg durch Positives Denken*, Ariston, 2010

Hörhan, Gerald, *Gegengift. Wie euch die Zukunft gestohlen wird. Was ihr dagegen tun könnt*, Bastei Lübbe, 2013

Hörhan, Gerald, *Investment Punk. Warum ihr schuftet und wir reich werden*, Edition a, 2011

Kempe, Klaus; Mehler, Ha. A., *Wie man mit Immobilien ein Vermögen aufbaut*, Verlag Dt. Wirtschaft, 1987

Kiyosaki, Kim, *Rich Woman. Rich Woman: Ein Buch für Frauen über das Investieren - Nehmen sie ihre finanzielle Zukunft selbst in die Hand!* Profitable Synergies Gmbh, 2009

Kiyosaki, Robert T., *Cashflow Quadrant*, FinanzBuch Verlag, 2010

Kiyosaki, Robert T., *Rich Dad, Poor Dad*, FinanzBuch Verlag, 2007

Kostolany, André, *Der große Kostolany*, Econ, 1991

Kostolany, André, *Die Kunst über Geld nachzudenken*, Econ, 2000

Lynch, Peter, *Aktien für Alle*, Börsenmedien AG, 1993

Lynch, Peter, *Der Börse einen Schritt voraus*, Börsenbuch-Verlag, 1990

McCreadie, Karen, Napoleon Hills »*Denke nach und werde reich*«, Gabal, 2010

Schäfer, Bodo, *Der Weg zur finanziellen Freiheit*, Campus Verlag, 1999

Ware, Bronnie, *5 Dinge, die Sterbende am meisten bereuen*, Arkana, 2013

Zitelmann, Dr. Rainer, *Setze dir größere Ziele! Die Erfolgsgeheimnisse der Sieger*, ambition, 2011

Stichwortverzeichnis

Rich Dad Poor Dad

Robert Kiyosaki

Warum bleiben die Reichen reich und die Armen arm? Weil die Reichen ihren Kindern beibringen, wie sie mit Geld umgehen müssen, und die anderen nicht! Die meisten Angestellten verbringen im Laufe ihrer Ausbildung lieber Jahr um Jahr in Schule und Universität, wo sie nichts über Geld lernen, statt selbst erfolgreich zu werden.

Robert T. Kiyosaki hatte in seiner Jugend einen »Rich Dad« und einen »Poor Dad«. Nachdem er die Ratschläge des Ersteren beherzigt hatte, konnte er sich mit 47 zur Ruhe setzen. Er hatte gelernt, Geld für sich arbeiten zu lassen, statt andersherum. In *Rich Dad Poor Dad* teilt er sein Wissen und zeigt, wie jeder erfolgreich sein kann.

240 Seiten | Broschur | 14,99 € (D) | ISBN 978-3-89879-882-2

Cashflow Quadrant: Rich dad poor dad

Robert Kiyosaki

Es ist beinahe paradox: Die intelligentesten Absolventen der Elite-Universitäten wollen heute für Studienabbrecher arbeiten. Also für die, auf die die Gesellschaft immer herunterblickt hat. Eigentlich. Denn wer würde über Bill Gates, Richard Branson oder Michael Dell sagen, dass sie Versager sind? Stellt sich nur die Frage, warum diese Menschen soviel Erfolg haben. Robert Kiyosaki zählt inzwischen selbst zu den Reichen. Er hat bereits in seiner Kindheit beschlossen, eines Tages reich zu werden. Er beobachtete diejenigen, die es schon geschafft hatten, verfeinerte ihre Methoden und wandte sie selbst an. Das Ergebnis dieser Recherche ist der »CASHFLOW Quadrant«. Er deckt auf, warum manche Menschen weniger arbeiten, mehr Geld verdienen, weniger Steuern zahlen und sich finanziell sicherer fühlen als andere. Es geht einfach darum, wo und wann man arbeitet. Durch die konsequente Umsetzung des Buchinhalts kann jeder mit einfachen Mitteln das eigene Leben in die Hand nehmen und sich auf den Weg in die finanzielle Freiheit machen.

352 Seiten I Hardcover I 24,99 € (D) I ISBN 978-3-89879-883-9

Rich Dad´s Investmentguide

Robert Kiyosaki

Wie kann ich investieren, wenn ich gar kein Geld übrig habe? Ist investieren zu riskant? Soll ich Immobilien oder besser Aktien kaufen? Robert T. Kiyosaki hat nahezu alle Fragen schon einmal gehört, wenn es darum geht, wie Menschen ihr Geld am besten investieren sollten. In *Rich Dad's Investmentguide* hat er erstmals alle Praxis-Tipps zusammengestellt.

In 18 Lektionen gibt Kiyoaski einen Einblick in das Investment-verhalten der Reichen. Er zeigt, welche Fehler es unbedingt zu vermeiden gilt, welche Kennzahlen man benutzen sollte und wie man Stück für Stück vom Arbeitnehmer zum Investor wird, der Geld für sich arbeiten lässt. *Rich Dad's Investmentguide* ist nach *Rich Dad Poor Dad* und *Cashflow Quadrant* der dritte Baustein auf dem Weg zur individuellen finanziellen Freiheit.

450 Seiten I Hardcover I 29,99 € (D) I ISBN 978-3-89879-903-4

Kümmer Dich um Dein Geld, sonst tun es andere

Matthias Kröner I Stephan Czajkowski

Die Finanzkrise hat uns schmerzlich vor Augen geführt, dass die eigene Beschäftigung mit Geld ohne Alternative ist. Dabei sind 15 Minuten Zeit in der Woche und eine Internetverbindung alles, was man für einen vernünftigen Umgang mit den persönlichen Finanzen braucht. Matthias Kröner und Stephan Czajkowski, Top-Experten im Bereich Online-Banking, wissen wie es geht.

Welche Finanz- und Geldentscheidungen stehen in welchem Alter an? Was sind die größten Fehler in Sachen Geldentscheidung, die jeder schnell mal macht, und was kann man daraus lernen? In seinem Buch erklärt er die Dos und Don'ts des persönlichen Umgangs mit Geld ohne Finanzkauderwelsch. Er warnt vor Anleger-Fallen, verrät, wie man die richtige Versicherung findet, wie man gute von schlechten Finanzprodukten unterscheidet, wie man Gold, Fremdwährungen und Aktien günstig einkaufen kann – überall und trotzdem immer sicher.

320 Seiten I Broschur I 14,99 € (D) I ISBN 978-3-89879-795-5

Warum andere auf Ihre Kosten immer reicher werden

Andreas Marquart I Philipp Bagus

Deutschland hat wie alle Länder der Welt ein reines Papiergeldsystem, in dem neues Geld quasi aus dem Nichts entsteht. Andreas Marquart und Philipp Bagus zeigen spannend und für jeden verständlich, wie Geld entsteht und warum unser jetziges Geld schlechtes Geld ist. Der Leser erfährt, wie wichtig gutes Geld für eine Volkswirtschaft ist und welchen Einfluss schlechtes Geld auf jeden Einzelnen in der Gesellschaft hat.

Welche Rolle zudem Staat, Regierung und Politik bei der Umverteilung zugunsten Superreicher spielen und warum die naive Staatsgläubigkeit keine Zukunftsstrategie für den einzelnen Bürger ist, zeigen Marquart und Bagus anhand vieler Beispiele. Wer hingegen Politikern – und sei es nur aus einem Bauchgefühl heraus – noch nie vertraut hat, wird den Beleg dafür erhalten, dass er mit diesem Gefühl richtig liegt. Ein leicht verständlicher Einstieg in die Frage, warum Geld für viele Missstände in unserer Gesellschaft verantwortlich ist.

192 Seiten I Broschur I 16,99 € (D) I ISBN 978-3-89879-857-0